Britta Bollenhagen

Geschickt eingefädelt 2

Neue Unterrichtsvorschläge für Textiles Gestalten

Auer Verlag GmbH

Gedruckt auf umweltbewusst gefertigtem, chlorfrei gebleichtem und alterungsbeständigem Papier.

1. Auflage 2009
Nach den seit 2006 amtlich gültigen Regelungen der Rechtschreibung

Illustrationen: Britta Bollenhagen
Fotos: Regina Scheller
Satz: YellowHand GbR, 73257 Köngen, www.yellowhand.de
Druck und Bindung: Kessler Druck und Medien GmbH, Bobingen
ISBN 978-3-403-0**6210**-3

www.auer-verlag.de

Inhalt

Vorwort

In vielen Bundesländern ist Werken/Textiles Gestalten nicht mehr als eigenständiges Fach in der Stundentafel der Grundschule enthalten. Die neuen Rahmenpläne sehen vor, praktische Arbeiten in alle Unterrichtsfächer zu integrieren, vornehmlich in die Lernfelder des Sachunterrichts. Die Auseinandersetzung mit dem Material und dem Werkzeug ist häufig die Methode, die dem Kind den ganzheitlichen Zugang zum Lerngegenstand eröffnet. Insbesondere das handelnde Vorgehen lässt den Lernenden etwas Abstraktes im wahrsten Sinne *begreifen*.

Diese Reform zieht ein organisatorisches Umdenken nach sich. Teilungsstunden entfallen zunehmend. Fachräume mit großzügigen Arbeitsplätzen und umfangreicher Werkzeugausstattung stehen nicht für jede Sachunterrichtsstunde zur Verfügung. Die praktischen Arbeiten finden mit der gesamten Lerngruppe im Klassenraum statt, wo der vorhandene Platz geschickt genutzt werden muss. Es ist wichtig, diesen praxisorientierten Unterricht gut zu strukturieren und das entsprechende Material bereitzuhalten. „Geschickt eingefädelt" möchte Anregungen und Hilfen liefern, damit die Lehrkraft den Produktionsprozess sicher vorbereiten und begleiten kann. Kenntnisse über Materialeigenschaften, Materialvorbereitung, Werkzeugeinsatz, Fertigungstechniken und Unterrichtsmethoden werden sowohl im Theorieteil vermittelt (siehe Seite 10 ff.) als auch bei den entsprechenden Unterrichtsvorhaben konkretisiert (siehe Seite 34 ff.). Insbesondere fachfremd Unterrichtende erhalten diesbezüglich hilfreiche Informationen, die ihnen den Einstieg erleichtern und sie zu einer methodischen Vielfalt ermutigen.

Im vorliegenden Band finden sich Stationskarten, Aufgabenbeispiele und Themen, die auf gewissen Grundlagenkenntnissen über die klassischen Fertigungstechniken aufbauen. Für die erste Erprobung und Erlernung dieser Techniken sei an dieser Stelle auf die Angebote aus dem Vorgängerband „Britta Bollenhagen: Geschickt eingefädelt" (Auer Verlag, Best.-Nr. 4649) hingewiesen.
Da umweltschonendes Verhalten Thema aller Unterrichtsfächer sein soll, kommen bei vielen Werkaufgaben gebrauchte Textilien sowie gereinigter Verpackungsmüll zum Einsatz. Mit der Verminderung der Abfallmenge werden gleichzeitig Ressourcen geschont, Anschaffungskosten reduziert und eine Gebrauchswerterneuerung erreicht.

Durch meine langjährige Erfahrung in der Grundschule und in der Lehrerfortbildung kenne ich die Bedürfnisse der Unterrichtenden und Lernenden gut und weiß, diese an aktuelle schulische Rahmenbedingungen zu orientieren. Ich habe hier bewährte und frische „Bestseller" zusammengestellt. Dieses Buch richtet sich vornehmlich an Vor- und Grundschullehrkräfte. Erfahrene Pädagogen können sicher einschätzen, welche Aufgabenbeispiele bereits von Kindergartenkindern bewältigt werden und welche noch für Schülerinnen und Schüler der 4. Klasse interessant sind.

Falls Sie mir Rückmeldungen oder Ergänzungen zu meinen Ideen und Anregungen geben möchten, können Sie gerne über den Auer Verlag mit mir Kontakt aufnehmen (www.auer-verlag.de).

Viel Vergnügen beim Textilen Gestalten!

Britta Bollenhagen

Zur Konzeption des Buches

Da im Primarbereich die Stundenanteile für die handwerklich orientierten Fächer wie Werken/ Textiles Gestalten zugunsten von anderen, teils neuen Fächern (z. B. Englisch, 3. Sportstunde, Medienerziehung) oder durch die Integration in den Sachunterricht gekürzt worden sind, muss man über traditionelle Inhalte und Vermittlungswege neu nachdenken.
Die Phasen zum Erforschen von Materialeigenschaften und zum Erfinden von technischen Lösungen sind deutlich eingeschränkt. Die Lernenden müssen sich in kürzerer Zeit ein Basiswissen von Fertigungstechniken aneignen. Die Anwendung von Schrift und Sprache muss auch im fachpraktischen Unterricht weiterhin Berücksichtigung finden. Die Lehrer* haben angesichts größerer Lerngruppen weniger Zeit für die Betreuung einzelner Schüler. Der Mangel an Unterrichtszeit und großzügigen Arbeitsplätzen erschwert die Materialvorbereitung durch die Kinder.

Soll man sich also konsequenterweise von der fachgerecht ausgeführten Produktherstellung abwenden und die praktische Arbeit auf das Zusammenkleben und -tackern von einheitlichen Zuschnitten und Schablonen beschränken?
Oder sollte man sich an den Themen der Hobbybranche orientieren, die die Werkmaterialien teuer, aber „mundgerecht zubereitet" anbietet? Diese Produkte sind am kindlichen Zeitgeist orientiert und können in kurzer Zeit fertiggestellt werden; auf der Strecke bleiben dagegen die Kreativität und die Vermittlung von fachbezogenen Fertigkeiten, die sich auf andere Sachzusammenhänge übertragen lassen.
Fällt die Entscheidung auf ein groß angelegtes Projekt, wo die Schüler ausreichend Zeit haben, sich eine einzige Fertigungstechnik fundiert anzueignen, diese zu vertiefen und in unermüdlichem Fleiß an einem umfangreichen Werkstück Stunde um Stunde zu arbeiten, ist es oft schwierig, ein dauerhaftes Interesse an textilen Arbeiten zu wecken. Warum kann ich erst nach 24 Unterrichtsstunden einen Häkelteddy in den Händen halten, der längst nicht so preiswert und niedlich ist wie der aus dem Angebot eines Kaffeerösters?

In dem vorliegenden Buch werden die Vorzüge der genannten Möglichkeiten miteinander verknüpft. Es werden zu den Bereichen *Verarbeitung von textilen Fasern* sowie *Herstellung und Verarbeitung von textilen Flächen* zahlreiche Themen angeboten, die in überschaubarer Zeit mit gerechtfertigtem Materialaufwand zu einem Produkt führen, das Grundschulkinder gebrauchen können und das eine individuelle Ausgestaltung offenhält.
Die Aufgabenbeispiele werden in unterschiedlichen Schwierigkeitsstufen angeboten. Die Einstiegsthemen garantieren schnellen Erfolg und stellen in ihrer Gesamtheit die Grundlage für das erfolgreiche Gelingen anspruchsvollerer Unterrichtsvorhaben dar.

Als Klammer und Verbindung dieser Unterrichtsprojekte versteht sich das Textil-Technik-Training, das in Form von sechs Stationskarten vorliegt (siehe Seiten 28–33). Weitere Stationskarten zu Grundlagentechniken befinden sich im Vorgängerband „Britta Bollenhagen: Geschickt eingefädelt" (Auer Verlag, Best.-Nr. 4649). Kurze Anleitungstexte und aufschlussreiche Illustrationen vermitteln Schülern wie auch Lehrern eine konkrete Fertigungstechnik. Der Griff zu den Stationskarten eignet sich für Phasen der Vorentlastung und der Wiederholung. Der selbsttätige Umgang mit ihnen verhilft zur differenzierten Anwendung von technischen und gestalterischen Möglichkeiten.

* *Anmerkung:* Aus Gründen der besseren Lesbarkeit wird für die Bezeichnung von männlichen und weiblichen Mitgliedern der Personengruppe Lehrer bzw. Schüler stets die geschlechtsneutrale Bezeichnung gewählt.

Zusammenfassend wurden die Unterrichtsprojekte in diesem Band unter folgenden Gesichtspunkten zusammengestellt:

- Orientierung an den traditionellen Fertigungstechniken unter Berücksichtigung der feinmotorischen Fähigkeiten heutiger Grundschüler
- Aufgliederung der Aufgabenbeispiele innerhalb eines Kapitels nach aufsteigendem Schwierigkeitsgrad
- übersichtliche, einheitliche Gliederung der Arbeitsanleitungen für die Lehrerhand
- Variationen in der unterrichtsmethodischen Unterweisung, die Abwechslung für den Schüler versprechen
- hohe Motivation durch Fertigung von attraktiven Produkten, die einen Gebrauchswert für Grundschüler beiderlei Geschlechts darstellen
- Ermutigung zur Fertigstellung durch überschaubaren Zeitaufwand und verarbeitungsfreundliche Materialien
- Orientierung an der individuellen Leistungsfähigkeit von Lehrern und Schülern durch das Angebot von Modellvarianten
- Integration der Aufgabenbeispiele in die Lernfelder des Sachunterrichts
- Sprachliche und mathematische Kompetenzen werden in authentischen Situationen gefördert: Anleitungstexte lesen, Fachbegriffe anwenden, Beobachtungen beschreiben, Arbeitsschritte notieren, Vorgangsbeschreibung nach praktischer Durchführung erstellen, Musterfolgen entwickeln, Materialien ausmessen, Flächen konstruieren.

Hinweise für den Benutzer

Erläuterungen zu Teil I: Organisatorische Hilfen (Seite 10–19)

Die Vermittlung technischer Inhalte wird durch die geschickte Verwendung von gezielt vorbereiteten **Unterrichtsmedien** (siehe Seite 10) wesentlich erleichtert. Diese Medien versetzen die Kinder in die Lage, den Herstellungsprozess nachzuvollziehen, den Fokus auf ein technisches Problem zu lenken, Entwurfsideen anzuregen oder das Ergebnis zu bewerten. Während für einige Unterrichtsvorhaben konkretes Arbeitsmaterial für die Schülerhand vorliegt, unterstützt die übersichtliche Darstellung der bewährten Unterrichtsmedien die Erstellung eigener Arbeitshilfen.

Die Auflistung der in den Projekten erwähnten **Werkzeuge, Geräte und Materialien** (siehe Seite 12) dient zur zusätzlichen Orientierung und macht die meist kurz gefassten Arbeitsanleitungen verständlicher. Alphabetisch geordnet erleichtert die Liste der **Verbrauchsmaterialen** (siehe Seite 15) das schnelle Auffinden konkreter Fachbezeichnungen. Zusätzliche Erläuterungen informieren über Funktionsweisen, Verwendungszusammenhänge und **Bezugsquellen** (siehe Seite 19). Es werden verschiedene Versandhandelsadressen genannt, die zu günstigen Konditionen Schulen mit Unterrichtsmaterial beliefern. Für den Fachleiter fungiert die Liste als Hilfe zur Erstellung eines Lehrmittelgrundstocks und als Einkaufshilfe beim Auffüllen des Materiallagers. Diese umfangreiche Auflistung geht von optimalen Bedingungen für eine Werkstatt mit 15 Arbeitsplätzen aus, sie muss jedoch entsprechend der konkreten Lernsituation abgeändert werden. Grundsätzlich sollte man auf eine breite Auswahl an Stoffen, Garnen und dekorativem Zierrat Wert legen, denn durch die Farb- und Formenvielfalt wird die individuelle Ausgestaltung zum Selbstgänger. Eventuelle Finanzlücken sollte man durch Eltern- und Industriespenden sowie Materialkostenbeiträge von Schülerseite ausgleichen.

Erläuterungen zu Teil II: Textil-Technik-Training (Seite 20–24)

Grundidee ist, dass sich die Schüler nach dem Verfahren des Stationentrainings grundlegende Fertigungstechniken selbsttätig im selbst bestimmten Tempo aneignen. Praktische Kenntnisse über eine Auswahl von Fertigungstechniken erleichtern den Schülern den Zugang zu umfassenden Arbeitsaufträgen und helfen, Fehleinschätzungen der eigenen Leistungsfähigkeit zu vermeiden. Des Weiteren erlaubt das erworbene Know-how bei der Analyse eines Fertigprodukts Rückschlüsse auf den vorausgegangenen Herstellungsprozess. Sicherheit in der fertigungstechnischen Praxis ermutigt, Entscheidungen bei der konkreten Umsetzung selbst zu treffen.

Für dieses Textil-Technik-Training liegen in vorliegendem Band **sechs kopierfähige Stationskarten** vor. Zum Aufbau eines umfassenderen Stationentrainings wird empfohlen, auf die im bereits erwähnten Vorgängerband angebotenen weiteren 24 Stationskarten zurückzugreifen. Die Stationskarten vermitteln mithilfe von kurzen Anleitungstexten und aufschlussreichen Illustrationen „Basics", die sich für die Realisierung von Gebrauchsgegenständen vielfältig nutzen lassen. Wer nicht die Mühe scheut, eine umfangreiche, jederzeit einsetzbare Stationenwerkstatt vorzubereiten, erhält konkrete Tipps für die Organisation und die Ausstattung. Die aufwendige Materialvorbereitung zahlt sich schnell aus, denn wenn die Stationenwerkstatt stets für die Einführung und Wiederholung von Fertigungstechniken genutzt wird, kann eine weitere Unterrichtsvorbereitung entfallen. Wem das Lernprinzip gefällt, wird selbst kreativ und entwickelt weitere Stationskarten.

Erläuterungen zu Teil III: Unterrichtsprojekte (Seite 25–27)

Zu Beginn der praktischen Arbeit

Zu Beginn empfiehlt es sich, angemessene Ordnungsmittel für die Materialien und die unfertigen Schülerarbeiten zu schaffen. Sinnvoll ist die Aufbewahrung der mit Namen versehenen Schülerarbeit in einer Klassenbox. Damit vorbereitete Einzelteile nicht verloren gehen, hat sich das Verwahren in kleinen, mit Namen versehenen Gefrierbeuteln bewährt. Bevor die Schüler ihr fertiges Produkt mit nach Hause nehmen, ist eine Präsentation der Klassenergebnisse in Form einer Fotoserie, einer Vorführung oder einer kleinen Ausstellung zu bedenken. Voraussetzung für gutes Gelingen und für einen effektiven Unterricht ist, dass der Lehrer jede Fertigungsaufgabe einmal selbst bewerkstelligt hat. Da Erwachsenen die Fabrikation von Grundschulaufgaben schnell von der Hand geht, sollte zusätzliche Zeit für die Herstellung von Varianten genutzt werden. Die Präsentation von Alternativen und fehlerhaften Modellen eignet sich hervorragend für den Unterrichtseinstieg, für die Materialanalyse und die Initiierung des Problemlösungsprozesses. Und, um es nicht zu vergessen: Die Präsentation von Alternativvorschlägen spornt die Kreativität der Schüler an!

Einordnung in die Lernfelder des Sachunterrichts

Die Praxisthemen werden den sachunterrichtlichen Lernfeldern zugeordnet. Die tabellarische Übersicht (siehe Seite 26) dient zur Orientierung. Lehrkräfte aus Bundesländern, die den eigenständigen Textilunterricht auf der Stundentafel gestrichen haben, erfahren hier, welche textildidaktischen Fachinhalte weiterhin Berücksichtigung im integrativen Sachunterricht finden dürfen.

Zum Kapitel „Schneiden, Kleben und Fädeln" (Seite 34)

Hier wird an die Erfahrungen aus dem Kindergarten angeknüpft und der fachgerechte Umgang mit Schere, Klebstoff und Fädelmaterialien vertieft. In Anlehnung an die Inhalte der Mathematik-Curricula erhalten die Schüler die Möglichkeit, einen Farbmusterentwurf vom Papier in eine Perlenschnur mit regelmäßigen Musterfolgen zu übertragen und dabei die Farbwirkung zu erproben.

Die Kinder arbeiten mit ungewöhnlichen Textilien, deren Kanten wenig fransen. Sie lernen Fachbegriffe und probieren Techniken des Trennens aus. Obwohl bei allen Themen weder Nadel noch Faden zum Einsatz kommen, entstehen durch Wickeln, Binden, Knoten, Stecken und Kleben haltbare, gebrauchstüchtige Gegenstände für Spiel, Freizeit oder Dekoration. Schüler werden als Benutzer von Spezialwerkzeugen ernst genommen. Sie erfahren, dass Scheren hochwertige Werkzeuge sind, deren Funktion nur erhalten bleibt, solange sie für den Einsatz festgelegter Materialien reserviert sind. Sie verinnerlichen den Grundsatz: Mit der Stoffschere werden nur Stoffe und dünnes Leder geschnitten, die Papierschere ist für Papier, Karton und Folien da, Drähte werden nur mit dem Seitenschneider gekürzt!

Zum Kapitel „Filzen" (Seite 52)

Am Beispiel von sieben Werkaufgaben können die Schüler ihre Kenntnisse des Nassfilzens üben. Aufbauend auf gewisse Grundkenntnisse im Filzen von Bällen und Flächen werden hier Themen zur Vertiefung angeboten. (Im Vorgängerband finden Sie ausgiebige Erläuterungen zur Grundausstattung und zu den Arbeitstechniken.) In der Technik des Ballfilzens werden Kugeln, Perlen, Eier und Wülste in verschiedenen Größen modelliert, die geschickt kombiniert Tiere, Pflanzen oder einen Schneemann ergeben. Ein weiterer Schwerpunkt ist das Filzen und Formen von Hohlkörpern. Nahtlose Hüllen entstehen, wenn das Faservlies um einen nicht filzbaren Körper gefilzt wird. Während der Glaskörper beim Zauberstein noch aus dem Inneren hervorblitzt, werden bei den Behältnissen Quader oder Schablonen aus Kunststoff entfernt, wenn sie dem Filz eine feste Kontur gegeben haben. Damit auch Schulanfänger ohne langwierige Näharbeiten schnell fertige Filzobjekte in den Händen halten können, wird in den Anleitungen weitestgehend auf den Einsatz von Nadel und Faden verzichtet. Selbstverständlich kann der Arbeitsablauf dahingehend verändert werden, dass die Filzteile mit Stichen verbunden oder verziert werden. Wer das Filzen von Flächen und Hohlformen beherrscht, kann für einzelne Themen aus den Kapiteln *Nähen* und *Oberflächengestaltung* handgefilzte Schnittteile einsetzen. Alle Werkbeispiele eignen sich für das handlungsorientierte Lernen in dem Projekt „Leben und Arbeiten im Mittelalter".

Zum Kapitel „Fadentechniken" (Seite 64)
Hier werden das Herstellen von Pompons und das Weben thematisiert, durch die Wahl von ungewöhnlichen Werkstoffen erhalten die Klassiker ein neues Outfit. Im bereits erwähnten Vorgängerband sind den Basistechniken wie Flechten, Häkeln, Kordel drehen, Pompons wickeln, Perlenweben und Stopfweben zahlreiche Stationskarten und verschiedene Werkaufgaben gewidmet.
Das Spannen von Fäden auf steifem Karton soll auf das Nähen vorbereiten. Neu und faszinierend einfach ist ein Verfahren der Kordelherstellung, das an das mittelalterliche „Tundeln" erinnert und dessen Ursprung in der japanischen Kultur zu suchen ist. Das Arbeiten mit einer Flechtscheibe, dem „Kumihimo", lässt wunderschön strukturierte Rundkordeln entstehen. Die Herstellung des Gerätes und der Kordel sind so einfach, dass dem Kumihimo ein Platz im Kanon der klassischen Disziplinen zusteht!

Zum Kapitel „Nähen" (Seite 81)
Die in diesem Band vorgestellten Nähprojekte sind für Schüler gedacht, die mit den Grundtechniken (Einfädeln, Vernähen) bereits vertraut sind. Wer Nähaufgaben für den Anfangsunterricht sucht, findet im Vorgängerband methodische Tipps auf Stationskarten und in zahlreichen Aufgabenbeispielen.
Neben dem vor- und überwendlichen Stich kommen hier nun der Feston- und der Steppstich zum Einsatz.
Bei der Fertigung von Fantasietieren bieten Arbeitsanleitung und Schablonen eine grobe Orientierung. Die Umsetzung im Fachunterricht sollte durch die Bereitstellung von unterschiedlichsten Materialien die Kreativität anspornen und zu der Realisation individueller Lösungen anregen. Folien werden zunehmend von der Industrie vernäht und finden in Form von Laminierfolien und Verpackungsmaterialien ihren Einzug im Textilunterricht. Sie machen eine Kantenversäuberung überflüssig, erfordern vom Schüler jedoch Sorgfalt und Überlegung beim Perforieren der Nählinie. Das Kapitel wird mit einer Patchworktechnik abgeschlossen. Weil die Oberfläche nur durch die Anwendung des Vorstiches gestaltet wird, ist die beschriebene Technik für Grundschüler geeignet, die Fülle der Nähte erfordert jedoch Geduld.

Zum Kapitel „Oberflächengestaltung" (Seite 101)
Mit dem Aufbringen von Farben in Form von Applikationen, Zierstichen und Pigmenten werden grundschulgerechte Möglichkeiten der Stoffverzierung vorgestellt. Das Dekorieren einer textilen Oberfläche wird zunächst mit dem Aufnähen von Perlen, Pailletten und Knöpfen auf kleinen Karton- und Filzflächen trainiert. Bei der Verwendung von großen Schnittteilen kommen Applikationen und Stickstiche zum Einsatz. Das freie Sticken auf Filzen und feinen Geweben ist im Grunde das Zeichnen mit bunten Fäden. Es steht im Kontrast zum gebundenen Sticken. Am Beispiel des bestickten Nadelbuches wird erstmalig ein Zählstoff benutzt, bei dem Löcher und Gewebekreuzungen deutlich erkennbar sind. Die Schüler sollen lernen, ihre Stickzeichnungen direkt in Zählmuster zu übertragen.
Im Zentrum des Stempeldrucks steht die Vielfalt der Kombinationsmöglichkeiten mit wenigen Einzelmotiven. Die Technik der Seidenmalerei wird auf ein grundschulgemäßes Niveau vereinfacht. Den Forderungen der Curricula entsprechend werden am Beispiel der Seidenfaser Einblicke in den materialkundlichen und kulturhistorischen Kontext gegeben.

Teil I: Organisatorische Hilfen

Systematik der Unterrichtsmedien

Phasenmodell

- Jeder Arbeitsschritt wird an einem Realobjekt vorgestellt. Folglich besteht ein Phasenmodell aus so vielen Einzelteilen, wie Arbeitsschritte vorgesehen sind. Beim direkten Vergleich von zwei aufeinanderfolgenden Modellen wird der nächste Arbeitsschritt offensichtlich.
- Phasenmodelle können im Maßstab 1:1 in Textilien gefertigt oder auf Karton gezeichnet werden (zur Haltbarkeit laminieren). Die Einzelteile können von den Schülern sortiert und unter Verwendung von Fachbegriffen in die richtige Reihenfolge gebracht werden. Eine Variante wäre hier die Ergänzung mit Wort- oder Satzkarten.
- Bei der Dokumentation von materialintensiven Fertigungsaufgaben (z. B. Nähen einer Kissenhülle) bieten sich Phasenmodelle aus preiswerteren Materialien in Miniaturformat an. Wenn filigrane Techniken im Mittelpunkt stehen, ist die Präsentation in überdimensionierten Ersatzmaterialien vorteilhafter. Behelfsweise kann man auch die halbfertigen Schülerarbeiten nutzen, die unterschiedlich weit fortgeschritten sind.

Modellvariationen

- Obwohl die Abfolge der Arbeitsschritte als verbindlich gilt, ergibt sich durch die Wahl von Material, Zuschnittgröße, Farbigkeit und durch die individuelle Ausgestaltung eine umfangreiche Palette von Endprodukten. Vorliegende Variationen (Schülerarbeiten, Fotos, Modelle aus Lehrerhand) regen zu eigenen Ideen an, animieren Zögernde und verdeutlichen, was sein muss und was sein kann.

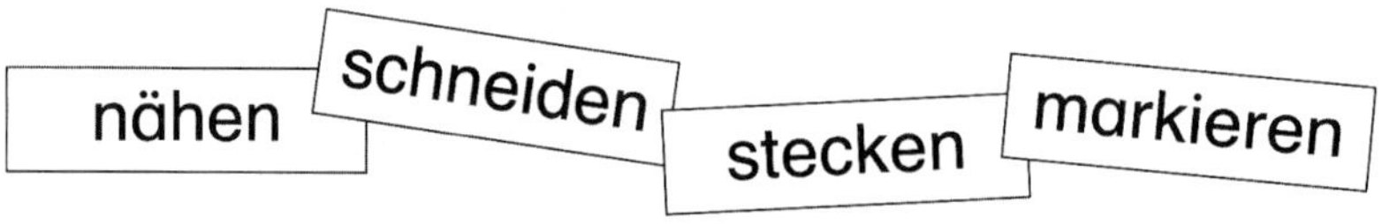

Wort- oder Satzkarten

- Die einzelnen Phasen der Fertigung werden mit prägnanten Stichworten, Überschriften oder kurzen Sätzen benannt, Fachtermini für Material, Gerät oder Technik werden mit einem Fachwort bezeichnet. Die Begriffe werden gut lesbar auf Karton notiert. Sollten sie anschließend laminiert werden, ist die Verwendung von Tonpapier ausreichend. Wenn magnetische Tafelflächen vorhanden sind, lohnt sich das Anbringen eines Magnetstreifens auf der Rückseite.
- Diese Karten sind vielfältig einsetzbar: zur direkten Zuordnung zum Objekt, zum Einzelteil des Phasenmodells oder zu einer Umschreibung.

Domino

- Wie bei dem gleichnamigen Spiel werden zunächst die „Doppelsteine“ ausgeschnitten.

- Der rechte Abschnitt des Doppelsteins findet seine passende Ergänzung im linken Abschnitt eines anderen Doppelsteins.
- Bevor die „Dominosteine“ auf einem ausreichend großen Blatt zu einer langen, beliebig geformten Reihe aneinandergeklebt werden, sollten sie zur Probe gelegt und die Position, wenn kein sinnvolles Lösungsbild entstanden ist, korrigiert werden.

Schnippelbogen

- Die einzelnen Fertigungsschritte werden in ungeordneter Form auf einem Arbeitsblatt dargestellt (Textbruchstücke und/oder Zeichnungen). Die Schüler schneiden sie auseinander, ordnen sie und kleben sie in eine sinnvolle Reihenfolge auf ein Blatt Papier.
- Textlose Schnippelbögen können auch von Schulanfängern mit unzureichenden Lesekenntnissen bearbeitet werden. Die gedankliche und handlungsorientierte Auseinandersetzung mit den Arbeitsphasen festigt das Erinnern der Abfolge bei der praktischen Umsetzung.
- Nach Unterbrechung dient die Besprechung des Schnippelbogens als Wiedereinstieg in das Thema. Jeder Schüler kann sich dann individuell an seinem Schnippelbogen orientieren, um sich der noch notwendigen Arbeitsschritte bewusst zu werden.

Überdimensionale Modelle

- Überdimensionale Modelle bieten sich an, wenn Details vor einer größeren Lerngruppe am Realobjekt schwer darstellbar sind. So lässt sich beispielsweise das Prinzip des Perlenwebens an einem Schulwebrahmen mit aufgespannten Baumwollkettfäden mithilfe einer großen Webnadel und Riesen-Holzperlen anschaulicher demonstrieren als mit den Originalmaterialien.
- Die Fadenführung beim Knopfannähen, Paillettenaufnähen sowie bei verschiedenen Stickstichen wird unter Verwendung von Riesenknöpfen, Monsterpailletten und dicker Kordel offenkundig.

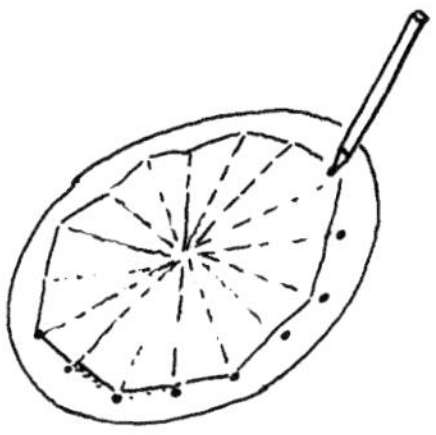

Schülerexperiment

- Nach Ansicht eines fertigen Werkstücks erarbeiten sich die Schüler einzelne Arbeitsschritte in Partner- oder Gruppenarbeit eigenständig. So werden beim Besticken des Nadelbuches passende Vorstichreihen festgelegt, die das Durchziehen von bunten Garnen entsprechend dem erfundenen Stickmuster erlauben. Wenn die Schüler eine Fertigungstechnik ausreichend erprobt haben, werden die kleinen Forscher aufgerufen, Hilfsmittel und Tricks zur Rationalisierung des Verfahrens zu erfinden. Anschließend gilt es, erfolgreiche Methoden weiterzuvermitteln.

Produktanalyse

- Als Einstieg werden das Ausgangsmaterial und das fertige Endprodukt gezeigt. Schüler vermuten die erforderlichen Fertigungsschritte. Bei eindeutig unlogischen Arbeitsabläufen regt der Lehrer die Reflexion an, ohne auf den exakten Arbeitsablauf zu beharren.
- Halbfertige und fehlerhafte Schülerergebnisse aus anderen Lerngruppen animieren dazu, Fehler und Korrekturlösungen zu finden und Beurteilungskriterien zu benennen.

Schnittmusteranalyse

- Schüler erhalten ein fertiges Werkstück, dessen Einzelteile sie benennen, aufzählen, beschreiben, ausmessen und gegebenenfalls zeichnerisch darstellen sollen. Eine Überprüfung ihres Ergebnisses erfolgt durch das provisorische Zusammenfügen von Teilen aus Ersatzmaterialien, dabei sind „Nähte" aus Klebstoff oder Heftklammern ausnahmsweise erlaubt.

Differenzierungsangebote für Schnelle

- Um schnell arbeitende Schüler nicht nur mit Aufräumarbeiten zu beschäftigen, sind bei der Unterrichtsvorbereitung bereits Sonderaufgaben einzuplanen, die Schüler nebenbei zu Spezialisten, Vordenkern, Lehrerassistenten oder Chefs ausbilden. Mündlich oder schriftlich formulierte Aufträge fordern schnelle Schüler zum Erproben von Geräten, zum Entwickeln von Schablonen, zur Einrichtung eines Spezialarbeitsplatzes, zum Zuschnitt von Materialproben oder zur Erstellung einer Kriterienliste für die Benotung auf. So gewinnt der Lehrer Zeit, die er für die individuelle Unterstützung der Lernenden benötigt, und er bildet einen Lehrling aus, der einfache Arbeiten selbstständig übernimmt.
- Selbstverständlich sollten den schnell und ausdauernd arbeitenden Schülern immer Zusatzmaterialien zur Verfügung gestellt werden, die eine differenziertere Ausgestaltung erlauben.

Organisation von Werkzeugen

Die folgenden Handarbeitsgeräte sind in den Kurzwarenabteilungen von Versand- und Kaufhäusern erhältlich. Günstiger ist der Bezug über den ortsnahen Schneidergroßhandel, der jedoch eine offizielle Erklärung der Schule benötigt und oft Mindestbestellmengen festlegt. Klassische Werkzeuge wie Hammer, Seitenschneider und Locheisen werden im Baumarkt angeboten.
Parallel zum Einkauf sollte über das Ordnungssystem nachgedacht werden. Kunststoffboxen in allen Größen werden in vielen Möbelhäusern und Baumärkten preisgünstig angeboten. Sie lassen sich leicht reinigen und sind wegen ihrer Stapelbarkeit sehr platzsparend. Ein farblich einheitliches Aufbewahrungssystem mit deutlicher Etikettierung schmückt den Raum, erleichtert die Orientierung für die Benutzer und lässt das Auge ruhen. Ständer mit Lochbohrungen sind für die Aufbewahrung von hochwertigen Werkzeugen zu empfehlen, da sie am Unterrichtsende eine schnelle Kontrolle über die Stückzahl ermöglichen. Für die Aufbewahrung von Kleinwerkzeugen wie Nadeln eignen sich Hygieneboxen (Seifendose, Zahnbürstenetui) oder Kleinteilmagazine, die in den Schraubenabteilungen zu finden sind.
Die angegebene Stückzahl gilt als Empfehlung für eine Lerngruppe von 15 Schülern.

Anmerkung zur Spalte Bezug: Die angegebene Nummer verweist auf die Kurzbezeichnung der unter *Hinweise zu Bezugsquellen* (siehe Seite 19) aufgeführten Anbieter. Wenn keine nähere Angabe erfolgt, ist der Einkauf im ortnahen Einzelhandel angeraten.

Stck.	Gerät/Hilfsmittel	Bemerkungen	Bezug
15	**Acrylglasplatte**	Anstatt die Pongé-Seide für die Konturentechnik schwebend über vier Holzleisten zu spannen, wird sie faltenfrei auf den Rand einer klaren Acrylglasplatte geklebt. Die ebene Fläche erleichtert das Auftragen von Konturen. Die Transparenz von Platte und Seide erlaubt das direkte Abpausen der Kinderzeichnung.	1, 13
15	**Allzweck-Schwammtuch**	Großformatige Schwammtücher findet man im Großhandel für Gastronomie. Vor dem ersten Gebrauch müssen sie unbedingt gut ausgespült werden. In der Größe 40 cm x 30 cm fungiert dieses saugfähige Vlies als Unterlage beim Flächenfilzen.	14
6	**Aqua-Trickmarker**	ein wasserlöslicher Markier-Filzstift; das Überstreichen mit feuchtem Lappen bringt den Strich sofort zum Verschwinden	14
15	**Bleistifte**	Stärke HB	
2	**Bügeleisen**		
2	**Bügelflächen für den Tisch**	Tischlerplatte mit je einer Lage Molton und hitzebeständiger Bügeldecke beziehen und an der Unterseite festtackern. Filzgleiter als Abstandshalter zur Arbeitsfläche unternageln.	
div.	**Büroutensilien**	Tacker, Klebefilmabroller, Locher, Stempelkissen, Büroklammern, Gummibänder, Buntstifte	
15	**Fädelunterlagen**	Zugeschnittene Filzflächen (ca. 20 cm x 25 cm) dienen bei größeren Fädelübungen dazu, winzige Perlen schnell mit der Nadelspitze aufzunehmen, ohne dass sie wegkullern.	
2	**Flachzangen**	zum Zusammendrücken der Quetschperlen	1, 3, 5, 8, 11, 13
15	**Fliegengaze**	Das steife Gittergewebe dient als Abstandshalter zwischen Finger und Wolle beim Vorfilzen der geschichteten Wolllagen. Es ist als Saisonware im Baumarkt erhältlich. Damit die Zuschnitte weder ausfransen noch sich beim Filzen fälteln, sollte man die hochwertige thermofixierte Qualität bevorzugen.	15
6	**Hämmer**	300 g schwer	5
2	**Heißklebepistolen inkl. Ersatzpatronen**	Nur das Fabrikat „UHU LT 110“ ist wegen der geringen Hitzeentwicklung für Kinderhände geeignet.	1, 3, 4,
div.	**Hirnholzklötze**	3 cm hohe Abschnitte von alten Tischbeinen sind bei der Benutzung eines Locheisens unerlässlich: als Schlagunterlage und zum Schutz der Locheisenklinge.	8, 13
16	**Klebeunterlagen**	einfache Tischsets aus stabilem, biegbarem Kunststoff	6
6	**Kreiderädchen**	eine immer funktionierende, anspitzfreie Kreide in Lippenstiftform mit Nachfüllpulver	14
div.	**Kreppklebeband**	zum vorübergehenden Fixieren und zum Notieren des Eigentümernamens	
4	**Litergefäße**	zum Abmessen der Seifenlauge beim Nassfilzen sowie zum direkten Begießen der geschichteten Wolllagen	6

Stck.	Gerät/Hilfsmittel	Bemerkungen	Bezug
je 6 je 1	**Locheisen in den Größen 2 bis 5, ab Gr. 6**	Größere Locheisen gibt es preiswert als Sortiment.	5, 8, 13
2	**Lochzangen**	mit drehbaren Lochpfeifen	1, 5, 8, 13
1	**Magnet-Stecknadelkissen**	zur griffbereiten Aufbewahrung von Stecknadeln, zum bequemen Auflesen von übersehenen Nadeln in Ritzen und im Fegehaufen	14
6	**Maßbänder**	für das Abmessen von Körperumfängen; praktisch, aber weniger robust sind die Maßbänder mit Aufrollautomatik	14
4	**Minibechersets mit Napfpaletten**	Diese kleinen transparenten Behältnisse mit festsitzendem Deckel nehmen angemischte Farben und winzige Materialien gut sichtbar auf. Die Mulden der Napfpaletten verhindern ein Umkippen der Becher beim Malen.	11
6	**Mischpaletten**	Kunststoffteller mit abgetrennten Feldern zum sauberen Mischen von pastösen Farben	1, 11
div.	**Nähnadeln**	in verschiedenen Längen und Stärken	1, 2, 8, 11, 12, 14
15 + 2 Linksh.	**Papierscheren**	zum Schneiden von Papier, Karton und Folien	1, 4, 7, 8, 11, 13, 14
6	**Permanent-Folienstifte**	zum Markieren von Folienstoffen und hellem Leder	
8	**Plastikschüsseln in verschiedenen Größen**	zum Eintauchen von Filzkörpern (Bällen, Perlen, Wülsten) beim modellierenden Nassfilzen	6
6	**Pomponsets**	zum schnellen Herstellen von Pompons, unerlässlich für Rohwollpompons; Hersteller z. B. Inox	1, 11, 14
15	**Prickelsets**	Minipiekser und dicke Filzmatten zum Stechen von Nähkarten	1, 3, 4, 7, 8,
10	**Puppennadeln**	Die Länge von 13 cm erlaubt das Aufnähen von Augen in bereits gefüllten Körpern.	11
6	**Schaffnerzangen**	ein praktisches Hilfsmittel zum Lochen von 6-mm-Löchern, benötigt keinen zusätzlichen Schutz der Lochpfeife	11
1	**Schneideset, bestehend aus Rollschneider Maxi (incl. Ersatzklingen), Schneidematte und Patchworklineal mit cm-Skala**	Nur für die geübte Erwachsenenhand erlaubt! Es ermöglicht das ansatzfreie Schneiden von bis zu 8 Lagen Stoff. Die Matte schützt die Klinge und verhindert tiefe Einschnitte, das Lineal ermöglicht akkurate parallele und winkelgenaue Schnitte.	1, 2, 11, 14
2	**Seitenschneider**	zum Ablängen von Draht und Pfeifenputzern	3, 5, 8, 10, 11, 13
15	**Silhouettenscheren**	kleine, spitze Scheren für Papierarbeiten	1, 8, 11, 13, 14
15	**Smyrnanadeln (auch: Straminnadeln)**	grobe Nadeln ohne Spitze, die ein müheloses Einfädeln von dicken Fäden und Stoffstreifen ermöglichen	1, 7, 13, 14
6	**Stickscheren, spitz**	nur für textile Arbeiten, praktisch beim Aufschneiden der Pomponwicklungen	14

Stck.	Gerät/Hilfsmittel	Bemerkungen	Bezug
div.	**Stecknadeln**	vorzugsweise mit Glaskopf, sind besser zu erkennen; praktisch zum Probestecken von Augenpositionen bei Puppen	1, 2, 14
15 + 2 Linksh.	**Stoffscheren 16,5 cm**	Sie sollten sich zur Vermeidung von Verwechslungen in der Farbe deutlich von den Papierscheren unterscheiden.	14
div.	**Stopfnadeln lang, Nr. 1 und Nr. 3**	optimal für ungeübte Nähfinger, zum Einfädeln von Perlgarn	14
4	**Tischabdeckfolien (Wachstuch, Duschvorhänge)**	zum Schutz von empfindlichen Tischoberflächen bei Arbeiten mit Wasser und Farbe	6
2	**Variozangen**	ein Prym-Produkt, zum Anbringen von Lochösen und Nähfreidruckknöpfen	2, 14
6	**Vorstecher**	zum Markieren von Stanzungen und Löchern	1, 5, 8, 13
1	**Wäscheständer**	zum Aufnehmen der zu trocknenden Schülerarbeiten und Arbeitsmittel wie Schwamm- und Handtücher	6
6	**Zackenscheren**	Ein eingeknotetes Band macht darauf aufmerksam, dass sie für Stoff bzw. Papier reserviert sind.	14

Ordnung der Verbrauchsmaterialien

Ein Großteil der Ausgaben für den Textilunterricht bezieht sich auf Verbrauchsmaterialien. Je nach thematischem Schwerpunkt müssen die Werkstoffe wie Fasern, Fäden und Stoffe ständig wieder aufgefüllt werden. Manches lässt sich kostenlos über Nachfragen im Kollegium und bei den Eltern organisieren, oft geben ortsnahe Handwerker- und Industriebetriebe Produktionsüberschüsse oder Reste gerne an Schulen ab.
Rollenware und große Stoffzuschnitte lassen sich übersichtlich in Schrankfächern ordnen. Je nach Umfang sollten Reste entsprechend der Materialart (Leder, Tüll, Trikot) oder der Farbe in Kunststoffboxen und Kartons gelagert werden. Bei Rohwolle ist wegen der Mottengefahr eine Lagerung in gut verschließbaren Tonnen vorzuziehen.
Dekoratives Zubehör wie Knöpfe, Wackelaugen, Perlen, Pailletten, Plüschdrähte, Bänder und Federn ist teuer. Aber oft macht gerade die schillernde Perle oder der gelbe Glitzerknopf das i-Tüpfelchen aus! Kinder lieben diese kleinen Dinge, weil sie eine individuelle Ausgestaltung ermöglichen und dem Produkt eine Wertsteigerung zu verleihen scheinen.
Wir Pädagogen sollten ihnen beibringen, den Zierrat überlegt und in Maßen einzusetzen. Nicht zur ständigen Selbstbedienung aber zum gezielten Verbrauch animierend werden unsortierte Kleinartikel optisch ansprechend in Bonbon- oder Weckgläsern staubsicher aufbewahrt. Wenn bei winzigen Artikeln wie Perlen und Wackelaugen die Unterscheidung in Größe und Farbigkeit wichtig ist, bietet sich die Aufbewahrung in einem Kasten mit herausnehmbaren Behältern an.

Material	Bemerkung	Bezug
Aida	ein Stickgrund mit gut erkennbaren Einstichlöchern, der sich leicht auszählen lässt; bei der Verwendung von feinen, gewebten Aida-Stickbändern entfällt die aufwendige Kantenversäuberung	1, 2, 11, 13, 14
Allzweck-Schwammtuch	Als Standard im Fünferpack bunt sortiert in der Größe 20 cm x 20 cm sind sie in den Drogerieabteilungen erhältlich. Übergroße Formate erzeugen weniger Schnittabfälle, sie sind jedoch nur über den Gastronomiefachgroßhandel zu beziehen.	
Bändchengarn	ein Sommerstrickmaterial, das sich als preiswerter Kordelersatz und als schmales Textilband für Buchbindungen einsetzen lässt	2

Material	**Bemerkung**	**Bezug**
Bastelfilz	preiswert als Reste- oder Rollenware, erfordert keine Kantenversäuberung	1, 2, 7, 11, 12, 13
Baumwollgarne	in intensiven Farben und unterschiedlichen Stärken erhältlich; zum Häkeln, Kordeln, Knüpfen und für Kettfäden	1, 2, 7, 11, 14
Cordonnetgarn	Das preiswerte Häkelgarn ist sehr reißfest, somit auch geeignet für Kettfäden und ideal zum Abbinden von Pompons.	1, 2, 11
Dänisches Blumengarn	ein mattes Baumwollgarn, das ausgewählte Handarbeitsgeschäfte unter „Blomstergarn" in über 100 Farben anbieten; ist nicht teilbar und bildet deshalb keine Schlingen beim Sticken	
Dekorationsdraht	gibt es als Rollenware in Kupfer, Messing, Silber oder bunt eingefärbt; 0,25 bis 0,6 mm stark; zum Abbinden, Dekorieren, Häkeln und Perlenfädeln	1, 3, 8, 11, 13
Designerfilz	eine Bezeichnung für Filze, die stärker als 3,5 mm sind; preiswerte Qualitäten haben einen geringen oder gar keinen Wollanteil	1, 2, 11, 12, 13, 15
Doppelklebeband	Zuschnitte vorzugsweise mit dem Ausstellmesser, weil Scherenschnittflächen schnell verkleben	
Federn	Mischpackungen von zarten Bastel- und gepunkteten Perlhuhnfedern setzen farbige Akzente.	1, 4, 7, 8, 11, 12, 13
Stickvlies®	ein Vlies, das beim Sticken und Applizieren zur Versteifung des Stickgutes untergelegt wird und anschließend ausgerissen werden kann; wegen seiner papierähnlichen Struktur und seiner Transparenz hervorragend zum Übertragen und Ausführen von Patchwork- und Quiltmustern geeignet	2, 14
Folienstanzlinge	kleine gestanzte Motive aus Metallicfolien zum Aufstreuen oder Aufkleben	1, 4
Füllwolle	zum Ausstopfen von Puppen und Kuscheltieren; die synthetische Füllwatte ist pflegeleicht, die natürliche Füllwolle aus Abfällen der Kammgarnspinnerei ist ökologisch unbedenklicher	1, 2, 11, 15
Glasperlen	Bezeichnung für große Rocailles, ab Ø 4 mm	1, 10, 11
Glassteine	Kleine Glasnuggets sind über den Bastelversand zu beziehen. Zum Umfilzen sind nur die großen Glassteine geeignet.	11
Haftvlies	eine beidseitig wirkende Klebeschicht, die auf Stoffen aufgebügelt werden kann (Vliesofix®)	2, 14
Holzperlen	aus poliertem Holz; zum Aufnähen, Auffädeln und Aufspalten; gibt es preiswert in farblich sortierten Großpackungen und in verschiedenen Durchmessern	1, 10, 11, 13
Holzteile	Leistenabschnitte, Rundholz, Querholzscheiben	1, 3, 8, 9, 13
Hutgummi	eine glänzende Elastik-Kordel zum Auffädeln von schweren Materialien und als dehnbare Halterung bei Masken und Hüten	2, 11, 14
Knöpfe	mit 2 oder 4 Löchern, mit Steg, aus Holz, Metall oder Kunststoff; preiswerte Zweite-Wahl-Sortimente kaufen	1, 2

Material	Bemerkung	Bezug
Konturenmittel	Bei der Seidenmalerei werden mit dem Konturenmittel Trennlinien gezeichnet, die das Ausfließen von flüssiger Farbe aus den abgegrenzten Farbfeldern verhindern. Farbige Konturen sind nach der Bügelfixierung waschbeständig, farblose lösen sich nach der ersten Wäsche. Für die Kinderhand sind gebrauchsfertige Konturenmittel in Tubenform oder in Quetschflaschen mit optimalem Materialfluss zu empfehlen.	1, 3, 4, 11, 12, 13
Leder	Für Grundschularbeiten reichen meist Reste; beim Aufräumen winzige Reste mit dem Rollmesser in millimeterbreite Bänder bzw. in ca. 2 cm breite Streifen für Armbänder schneiden.	1, 2
Magnete	selbstklebend oder dauerhafter zu fixieren mit Heißleim; quadratisch oder rund erhältlich	1, 3, 4, 8, 11, 12, 13
Maschinengraupappe	In der Qualität der Zeichenblockrücken ist der sogenannte Graukarton in den Stärken von 0,5 mm bis 5 mm erhältlich. Preisgünstiger ist der Bezug von großen Plattenformaten beim Buchbindergroßhandel.	1, 8, 9, 13
Mini-Pompons	winzige Pompons (ab Ø 5 mm) zum Aufkleben	1, 4, 11, 13
Moosgummi	leicht schneidbares Soft-Material, für Stempelgummis und farbige Akzente	1, 3, 4, 8, 11, 12, 13
Nähgarn	in 100 % Polyester ein Universalnähfaden für alle Materialien	14
Nylonfaden	transparente Fädelschnur: Ø 0,15 mm zum Perlenweben mit Rocailles, Ø 0,25 für Schmuckarbeiten	1, 8, 10, 11, 13
nylonummantelter Stahldraht	ein Schmuckdraht, der in unterschiedlichen Stärken und Farben im Fachhandel angeboten wird; sehr flexibel, bruchfest, antiallergen und besonders gut zum Auffädeln geeignet, weil er sich nicht wellt	3, 10, 11, 13
Pailletten	Folienstanzlinge mit Loch zum Auffädeln und Annähen	1, 4, 10, 11, 13, 14
Perlgarn	Es eignet sich durch den brillanten Glanz gut für sichtbare Ziernähte. Die dünnere Qualität Nr. 8 ist auf dem Knäuel erhältlich. Das Perlgarn Nr. 5 ist in Strängen gewickelt. Um Material zu sparen und Ordnung in der Kiste zu haben, wird das Garn vor dem ersten Gebrauch in Partnerarbeit auf Pappkärtchen gewickelt.	1, 2, 7, 11
Plüschdraht	bunt gefärbte, flauschige Pfeifenputzer in 50 cm Länge	1, 3, 4, 11, 13
Polarfleece	als Meterware oder preisgünstiger als fertige Wolldecke erhältlich, erfordert keine Nahtversäuberung, wegen der flauschigen Oberfläche optimal geeignet zum Nähen von Kuscheltieren	2
Quetschperlen	winzige Metallperlen, die mit einer Flachzange flachgedrückt werden und dadurch eine Knotenfunktion erhalten	10, 11, 13
Rasterquick®	ein Einlagevlies, das mit aufgedrucktem blauen Raster das exakte Nachnähen der Nählinien beim Patchwork erleichtert	2, 14
Rocailles	kleine Glasperlen (Ø 2,3–2,6 mm) in verschiedenen Ausführungen erhältlich: transparent, opak, matt, gelüstert, mit Silbereinzug, mit Farbeinzug, metallic	1, 10, 11, 13

Material	Bemerkung	Bezug
Rohwolle	das Basismaterial zum Filzen: gereinigte, parallelisierte Schafwollfasern im Kammzug oder als Vlies	1, 11, 13, 15
Satinband	zum Flechten, Binden, Weben, Aufhängen und Aufnähen; als Rollenware im Großhandel in vielen Farben und unterschiedlichen Breiten erhältlich	14
Schlüsselringe	preisgünstige Großpackung im Eisenwarenhandel	1, 8
Schmierseife	Diese flüssige „grüne Seife“ ist die Basis für die Seifenlauge beim Nassfilzen. In Literflaschen ist sie von unterschiedlichen Herstellern im Drogeriemarkt erhältlich.	
Seidenmalfarbe	in vielen Farben erhältlich, in eingeschränkter Farbpalette auch in Stiftform; in der Grundschule auf die Bügelfixierbarkeit achten	1, 11, 13
Stoffdruckfarbe	in cremiger Konsistenz erhältlich, gut geeignet für den Stoffdruck, Fixierung durch Bügeln	1, 8, 11, 13
Stoffmalstifte	zum dauerhaften Aufmalen von Linien und Punkten auf Stoff und Leder; ergiebig und leicht handhabbar sind die Tubenfarben „Fun-Liner“ mit Glitzer- oder Plustereffekten	1, 8, 11, 13
Strickgarne	flauschige Garne aus Wolle oder Synthetikfasern	1, 2, 11
Teppichstramin	Dieser Grobstramin ist eigentlich für das Teppichknüpfen gedacht. Er hat 13 Löcher auf 10 cm und erlaubt somit das Einsticken von breiten Bändern.	2, 11, 14
Vlieseline®	ein Verbundstoff, der mit einer thermofixierbaren Schicht versehen ist; hinterbügelte Stoffe erhalten Steifigkeit und fransichere Schnittkanten	14
Vliesofixstoffe	Wenn Baumwollstoffe mit Haftvlies hinterbügelt worden sind, werden sie in den Materiallisten als Vliesofixstoffe bezeichnet. Als Lagerware stehen sie zum spontanen Verbrauch zur Verfügung, wenn textile Details schnell ohne mühseliges Aufnähen oder Kleben aufgebracht werden sollen.	
Wackelaugen	zum Aufkleben und zum Aufnähen in verschiedenen Formen und Größen erhältlich	1, 4, 8, 10, 11, 13
Zwirn	Das gewachste Garn ist sehr reißfest und gut für haltbare Nähte in Leder und als Schnurrhaare bei Kuscheltieren geeignet.	14

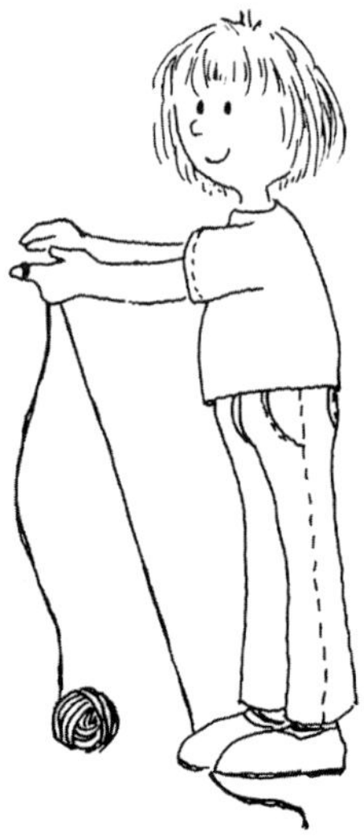

Hinweise zu Bezugsquellen

Kurzbe- zeichnung	Firma	Adresse	Kontakt
1	Als-Verlag	Postfach 1440 63114 Dietzenbach	Tel.: 0 60 74/8 21 60 Fax: 0 60 74/4 36 58 www.als-verlag.de
2	Buttinette	Industriestr. 22 86637 Wertingen	Tel.: 0 82 72/9 96 60 Fax: 0 82 72/99 66 55 www.buttinette.de
3	Do-it/Aduis	Schröckerweg 20 83088 Kiefersfelden	Tel.: 0 80 33/81 68 Fax: 0 80 33/81 70 www.aduis.de
4	Dusyma	Haubersbronner Str. 40 73614 Schorndorf	Tel.: 0 71 81/60 03-0 Fax: 0 71 81/60 03 41 www.dusyma.de
5	Hoffmann	Herbert-Ludwig-Str. 4 28832 Achim	Tel.: 0 42 02/5 27-0 Fax: 0 42 02/5 27 15 www.hoffmann-group.com
6	Ikea	s. Ikea-Katalog	www.IKEA.de
7	Labbé	Postfach 1425 50104 Bergheim	Tel.: 0 22 71/4 94 90 Fax: 0 22 71/49 49 49 www.labbe.de
8	Opitec	Postfach 20 97232 Giebelstadt-Sulzdorf	Tel.: 0 18 05/9 08 90 8 Fax: 01805/9 09 90 9 www.opitec.de
9	P.A.U.L. Leistenbausätze	Ackerstr. 37 51519 Odenthal	Tel.: 0 21 74/4 91 57 Fax: 0 21 74/4 91 57
10	Pracht	Gablonzer Ring 21 87600 Kaufbeuren	Tel.: 0 83 41/9 66 11 90 Fax: 0 83 41/9 66 11 91 9 www.prachthobby.de
11	Verdener Bastelservice	Postfach 1547 27265 Verden/Aller	Tel.: 0 18 0/5 66 81 11 Fax: 0 42 31/6 68 22 www.vbs-versand.de
12	Wehrfritz	August-Grosch-Str. 28 96476 Bad Rodach	Tel.: 0 95 64/92 90 Fax: 0 95 64/92 92 24 www.wehrfritz.de
13	Winkler Schulbedarf	Mitterweg 16 94060 Pocking	Tel.: 0 18 0/5 06 01 50 Fax: 0 18 0/5 06 01 60 www.winklerschulbedarf.de
14	Woll-Baer	Gewerbering 11 22113 Oststeinbek	Tel.: 0 40/71 48 61 0 Fax: 0 40/71 48 61 50
15	Wolllust-Schur- wollversand	Am Brinkhof 9 27356 Unterstedt	Tel.: 0 42 69/95 11 11 00 Fax: 0 42 69/95 11 11 01 www.wolllust-schurwollversand.de

Teil II: Textil-Technik-Training

Einsatzmöglichkeiten im Unterricht

Mit dem Schlagwort Textil-Technik-Training soll ein Begriff geprägt werden, der das Arbeiten mit **Stationskarten** bezeichnet.
Stationenlernen ist eine Form der Freiarbeit, die sich vor ca. 10 Jahren im Grundschulbereich aus den Anregungen der Reformpädagogen Montessori, Petersen und Freinet entwickelt hat. Andere Begriffe für diese Arbeitsform sind Stationenarbeit, Stationentraining, Lernzirkel, Lernstraße, Lernparcours, Übungszirkel oder Stationenbetrieb.
Für die Gestaltung der Stationen wird das Lernthema in curriculare Untereinheiten zerlegt und mit gezielter Aufgabenstellung sowie entsprechenden Materialien vorbereitet. Die Stationen werden im Lernraum verteilt und von den Schülern in individueller Reihenfolge und Verweildauer durchlaufen. Die Schüler lernen, selbstständig und selbstgesteuert zu arbeiten. Die Lehrkraft hat die Aufgabe, die Stationen zu entwickeln, aufzubauen, zu vervollständigen oder zu ersetzen. Während der Durchführung der Stationenarbeit ist ihre Rolle eher eine beratende als eine lehrende. Das Arbeiten an Lernstationen kann nach unterschiedlichen Regeln durchgeführt werden, verschiedene Sozialformen berücksichtigen und unter dem Einsatz von Kommunikationsmedien stattfinden.

Das hier vorliegende Textil-Technik-Training umfasst **sechs Stationen;** weitere 24 Stationskarten finden sich im Vorgängerband. Während einige Stationskarten eine Bearbeitung ohne weitere Erklärungen ermöglichen oder keinerlei Lesekenntnisse voraussetzen, sind andere Techniken komplizierter, bedürfen der Hilfe eines Partners oder der praktischen Unterstützung durch einen Profi. Das ist zunächst der Lehrer, im Verlauf des praktisch durchgeführten Textil-Technik-Trainings entwickeln sich zunehmend mehr Schüler zu Profis.

Aus Gründen der Übersichtlichkeit hat der Unterrichtende eine Auswahl zu treffen. Als Orientierungsrahmen können das geplante Unterrichtsvorhaben, das zur Verfügung stehende Material oder die Interessen bzw. die Fähigkeiten der Lerngruppe dienen. Wer die Stationen erprobt hat, wird die unterschiedliche **Schwerpunktsetzung einzelner Stationen** erkennen.

In der unterrichtspraktischen Arbeit sind die **Stationskarten** als Unterrichtsmedien **vielseitig einsetzbar:**
- als frei wählbares Angebot in offenen Unterrichtsphasen;
- mit festgelegter Stationenauswahl als Vorbereitung von konkreten Projektaufträgen;
- als Grundlage für die Vorgangsbeschreibung im Deutschunterricht;
- als Gerüst für ein kompaktes Zirkeltraining.

Beim Zirkeltraining arbeitet jeder Schüler nach einem festgelegten Ablaufplan für 15 bis 20 Minuten an einer Station, die mit entsprechendem Material und Werkzeug ausgestattet ist. Bei einem Klingelzeichen wird der Arbeitsplatz aufgeräumt, die halbfertigen Arbeiten werden in einer Namensbox (z. B. Gefrierdose mit Deckel) verstaut. Mit Box und eigener Schere ausgestattet verlässt der Schüler die alte Station und begibt sich zur nächsten. Nach dem Durchlaufen aller Stationen sollte den Schülern Zeit gegeben werden, die angefangenen Arbeiten zu beenden, eine Lieblingsstation zu vertiefen oder die Einzelergebnisse in einem Gemeinschaftsprojekt zu verarbeiten.

Es ist zu berücksichtigen, dass sich nicht alle Stationen gleichermaßen für das Lernen im Zirkel eignen. Wenn das Textil-Technik-Training nur wenige Stationen umfasst, muss entsprechend der Lerngruppengröße eine vorbereitete Hängemappe mehrmals vorliegen.

Die Stationskarten im Überblick

Kategorie	Nr.	Stationsname	S.
Verarbeitung von Fäden	1	Frisurenmaschine	28
	2	Kumihimo	29
Nähen als Flächenverbindung	3	Steppstich	30
Nähtechniken zur Oberflächengestaltung	4	Festonstich	31
	5	Vorstichvariationen	32
Papierarbeiten	6	Falzen	33

Vorbereitungsaufgaben für den Unterrichtenden

Wenn das Textil-Technik-Training fester Bestandteil des praktischen Sachunterrichts werden soll, lohnt sich die Anfertigung einer mobilen Stationenwerkstatt in einer transportablen Hängemappenbox. Für jede einzelne Station wird eine Hängetasche, d. h. eine Sammelmappe mit seitlicher Leinenbegrenzung, vorbereitet. Ein Reiter mit großem Beschriftungsfeld für den Stationsnamen erleichtert das schnelle Einsortieren.

Zunächst sind die kopierfähigen Stationskarten zum Schutz gegen Flecken und Nässe in eine Laminierfolie einzuschweißen. Entsprechend den folgenden Angaben werden ausgewählte Materialien sowie der Bau von Vorrichtungen notwendig.

Station	Werkzeug	Zuschnitt	Verbrauchsmaterial
Frisurenmaschine	1 Frisurenmaschine (Bauanleitung siehe Seite 23) 1 Schere, 2 Metallstäbe		Strickgarne
Kumihimo	1 Flechtscheibe (Schablone siehe Seite 72),1 Schere, 1 Kartonstreifen als Messhilfe, 60 cm lang		7 verschiedenfarbige, robuste Garne, Kordeln, Bänder in ähnlicher Stärke
Steppstich	Nähnadel	karierte Baumwollstoffe, 15 cm x 15 cm, doppelt gelegt	Nähgarn
Festonstich	Stopfnadel	2 Streifen Filz, 5 cm x 15 cm	Perlgarn
Vorstichvariationen	Sticknadel	grobes Aida-Gewebe	Perlgarn in verschiedenen Farben
Falzen	Anschlagpappe (Bauanleitung, siehe Seite 23 f.), Falzbein, Klebestift, 4 Büroklammern	Holzleiste (als Schablone), 20 mm x 5 mm x 300 mm	Karteikarten, DIN A6

Laminiertes Anleitungsblatt sowie Hilfsmittel und Werkzeug werden in der Hängemappe abgelegt. Zum Sammeln von Verbrauchsmaterialien haben sich verschließbare Plastikbeutel mit Zipp-Verschluss bewährt. Wenn die Auswahl an Verbrauchsmaterialien das Volumen einer Hängetasche sprengt, sind Garne, Stoffstreifen etc. in separaten Behältnissen anzubieten.

Unumgänglich ist das Erproben jeder Fertigungstechnik durch die Lehrkraft, denn erst durch die eigene Praxis werden Schwierigkeiten, Tücken des Materials und der Anleitung erfahrbar. Die Materialprobe, an die Laminierfolie gebunden, dient als hilfreiches Vorbild für die Nachahmer.

Die hier beschriebene Vorbereitung einer Textil-Technik-Trainings-Box kostet viel Zeit. Aber die Mühe lohnt sich! Die übliche Hektik zu Unterrichtsbeginn entfällt, weil keine Vorbesprechung und kein Einrichten des Arbeitsplatzes erfolgen müssen. Die Arbeitsatmosphäre ist entspannt, die Lehrkraft hat Zeit für individuelle Hilfe. Die Box ist immer, überall und in vielen Jahrgangsstufen einsetzbar. Lediglich die Verbrauchsmaterialien müssen hin und wieder aufgefüllt werden.

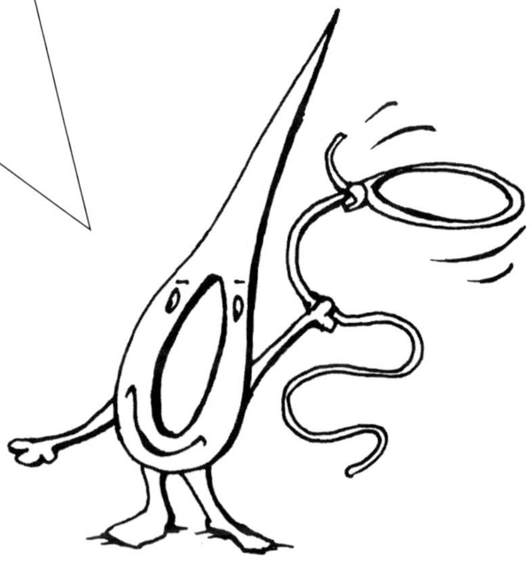

Anleitungen zum Bau von Vorrichtungen

Frisurenmaschine
Die Frisurenmaschine erlaubt die unkomplizierte Herstellung einer Vielzahl von Puppenfrisuren. Für die Fertigung von Stoppelhaaren in 2 cm Länge über Zopffrisuren bis hin zu Flechtfrisuren mit 20 cm Länge müssen lediglich die Abstände der Stäbe entsprechend gesteckt werden. Ohne die Hilfe eines Partners kann das Strickgarn gewickelt und direkt zusammengebunden werden. Für die Fachwerkstatt hat sich eine Anzahl von zehn Maschinen bewährt, die sich auch für die Herstellung aufwändiger Quasten nutzen lassen.

Dazu werden in eine Leiste aus 20 mm-Schichtsperrholz (300 mm x 25 mm) im Abstand von 2 cm Sackloch-Bohrungen vorgenommen. Der Lochdurchmesser richtet sich nach dem Durchmesser der einzusteckenden Metallstäbe, die sich ohne Kraftaufwand umstecken lassen müssen. Gut geeignet sind Messing- oder Kupferstangen mit 4 mm Durchmesser, auf 90 mm abgelängt. Alternativ können als Stäbe Dübelhölzer verwendet werden; damit diese sich leicht umstecken lassen, sollte die Oberfläche gut gewachst sein. Um den Anfangs- und Endfaden vorübergehend fixieren zu können, hat sich das Anbringen/Anschrauben einer Holzperle an der Stirnseite als praktisch erwiesen.

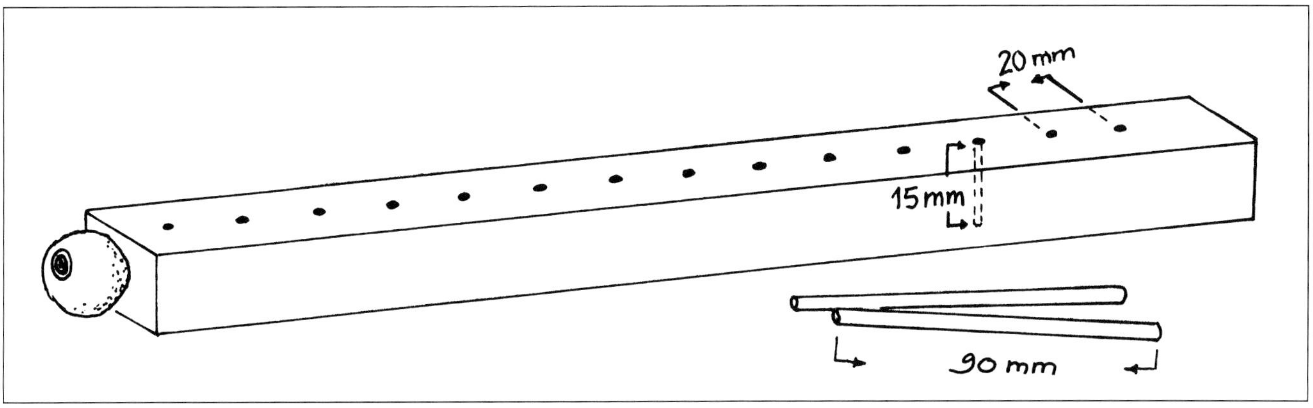

Anschlagpappe
Die Anschlagpappe ist nicht nur ein unverzichtbares Utensil der Papierwerkstatt, es leistet auch bei der Fertigstellung von textilen Arbeiten gute Dienste. Probestücke und textile Miniaturen werden zum Gebrauchsgegenstand, wenn sie Grußkarten zu den Feiertagen schmücken.
Mithilfe der Anschlagpappe lassen sich mit wenigen Handgriffen schöne Kisten und Schachteln mit Stülpdeckeln falzen. Wird eine Postkarte oder ein Buntkarton-Zuschnitt vorher mit Perlen, Pailletten oder Fäden dekoriert, erhält die Box zusätzlich ein individuelles Textil-Design.

Für die Anschlagpappe wird an die lange Seite einer Maschinengraupappe (MGP) eine Leiste (Fichte/Kiefer/MDF) aufgeleimt. Bei der Herstellung eines Klassensatzes können die Anschlagpappen im Wechsel gelagert und zwischen Platten gepresst werden, bis der Leim abgebunden hat.
Vorbereitete Schablonen aus fester Graupappe oder Sperrholz erlauben das Falzen von Parallellinien. Schon Erstklässler können sich exakt gefalzte Karten herstellen. Jeder Kartonzuschnitt wird mit dem Falzen von vier rechtwinklig verlaufenden Linien und vier Einschnitten schnell zu einer Kiste mit gleichmäßig hoher Wand.

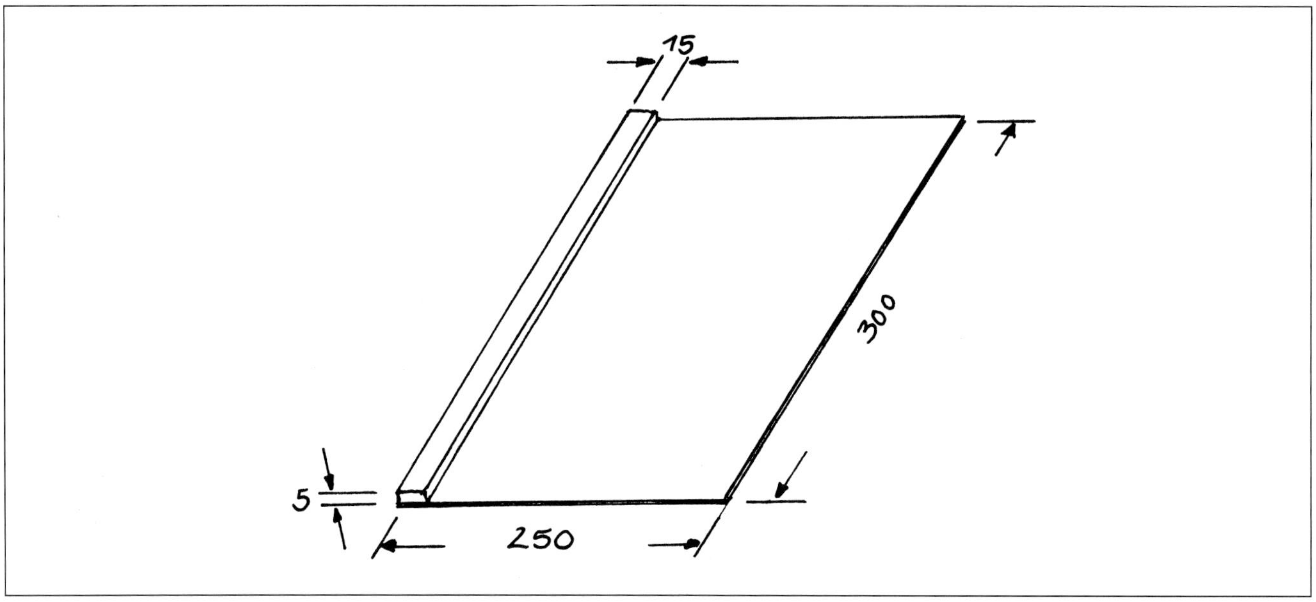

Die Tabelle mit geeigneten Zuschnittmaßen dient als erste Orientierung. Wer das Prinzip verstanden hat, kann für jedes Schachtelmaß eine eigene Serienfertigung berechnen. Da es oft auf einen Millimeter ankommt, ob der Deckel klemmt oder ohne Halt ist, sollten erst Probefalzungen vorgenommen werden, bevor eine große Menge zugeschnitten wird.

Thema	Stck.	Verwendungszweck	Material	Maße in mm
Anschlagpappe	1	Unterlage	Maschinengrau-pappe (= MGP)	*300* x 250 x 2
	1	Anschlagleiste	Fichte/Kiefer/MDF	300 x 15 x 5
DIN-A6-Grußkarte	1	Karte	Buntkarton	210 x *148*
	1	Schablone	MGP 2 mm	104 mm breit
Geschenkschachtel aus der Postkarte	1	Deckel	Postkarte	148 x 105
	1	Boden	Buntkarton	180 x 140
	1	Deckelschablone	MGP 2 mm	17 mm breit
	1	Bodenschablone	MGP 2 mm	35 mm breit
Briefbox	1	Deckel	Buntkarton	216 x 169
	1	Boden	Buntkarton	219 x 172
	1	Schablone	MGP 2 mm	25 mm

Teil III: Unterrichtsprojekte

Einordnung in die Lernfelder des Sachunterrichts

Der moderne Sachunterricht soll den Kindern helfen, sich mit Sachverhalten ihrer sozialen, natürlichen und technisch-medialen Umgebung auseinanderzusetzen.
Für die Lehrkräfte gilt es, **Lernsituationen** zu schaffen, in denen Themen aus den sachunterrichtlichen **Lernfeldern** bearbeitet und gleichzeitig arbeitsmethodische und arbeitstechnische **Qualifikationen** eingeübt werden. Diese Lernfelder bezeichnen Bereiche aus der Lebenswelt der Kinder; ihre Bezeichnungen sowie die verbindlichen und unverbindlichen Inhalte variieren lediglich leicht in den verschiedenen Bundesländern. Im Mittelpunkt des modernen Sachunterrichts steht die Förderung des **aktiven Lernens**: Die Kinder erleben Originalbegegnungen, befragen Experten, entwickeln Handlungspläne, konstruieren eigenständig, experimentieren mit Werkstoffen, präsentieren ihre Ergebnisse, erfahren durch das Feedback neuen Ansporn.

Mit dem **Erlernen textiltechnischer Fertigkeiten** nach den Vorgaben dieses Buches entwickeln die Kinder ein Bewusstsein für die eigene Lernfähigkeit. Sachprobleme werden entdeckt, ergründet und gelöst. Ziele, Verfahren, Arbeitshilfen werden gemeinsam durchdacht bzw. altersgerecht erläutert. Materialien, Arbeitsschritte und Variationen des Endproduktes werden dokumentiert, Kriterien zur Prüfung und Beurteilung werden aufgestellt. Es kommt ein Repertoire von **Methoden** zum Einsatz, das der selbstständigen Erschließung des Herstellungsprozesses, der Sicherung des Fachvokabulars sowie der Wissenssicherung dient. Kleine Vorhaben werden in Einzel-, Partner- oder Gruppenarbeit geplant, erprobt, verworfen, realisiert und reflektiert.

Den Schülern stehen für **Experimentierphasen** und für die **zielgerichtete Werkaufgabe** Rohstoffe, aufbereitete Materialien, Werkzeuge und Geräte zur Verfügung. Die Hilfsmittel werden zunächst erprobt und unter Berücksichtigung von Sicherheitsvorkehrungen fachgerecht angewandt. Maßsysteme werden präsentiert und benutzt. Der **Arbeitsplatz** wird gemäß der Aufgabenstellung eingerichtet. Das bereitgestellte Unterrichtsmaterial ist auf das individuelle Lernvermögen des Kindes abgestimmt. Die Schüler werden ermutigt, eigene Problem- und Gestaltungslösungen zu entwickeln. Aufgabenstellungen werden von den Lehrkräften so präsentiert, dass sie eine **individuelle Ausführung** und ein **individuelles Arbeitstempo** zulassen.

Mit dem Textil-Technik-Training in Form von **Stationskarten** erhalten die Lernenden die Möglichkeit, ihr Spektrum von textilen Fertigungstechniken selbsttätig zu erweitern, ihre Erfahrung von praktischer Umsetzung und ästhetischer Wirkung einzuschätzen und das Verfahren gegebenenfalls in dem zu planenden Arbeitsprozess zu berücksichtigen.

Das Arbeiten mit textilen Werkstoffen macht keinen eigenständigen Lernbereich aus. Dennoch sollen die in diesem Fachbuch aufgeführten Aufgabenbeispiele dazu dienen, Inhalte des Sachunterrichtes aus den folgenden **Lernfeldern** handlungsorientiert zu realisieren:
- sich selbst wahrnehmen
- zusammen leben
- Naturphänomene
- Technik begreifen
- Räume entdecken
- Leben in einer fremden Welt

Die Bezeichnungen für Inhalte und Lernfelder sind frei gewählt, kommen aber denen verschiedener Lehrpläne sehr nahe. Die tabellarische Übersicht soll helfen, das textile Thema als integrativen Bestandteil eines Lernfeldes zu erkennen.

Thema	Fertigungstechnik	Bezug zu Lernfeldern	Arbeitsblatt	Vorlage/ Schablone
Schneiden, Kleben und Fädeln				
Fenstergirlande	Zuschneiden	jahreszeitlicher Bezug; Räume schmücken; Recycling von Verpackungen		
Grußkarte mit Perlenanhänger	Fädeln	jahreszeitlicher Bezug; Kommunikation mit anderen		
Zuckermaus	Zuschneiden	jahreszeitlicher Bezug		X
Lumpenball	Zuschneiden, Materialanalyse	Recycling von Alttextilien; Spiel und Freizeit		
Lesezeichen	Fädeln	Spiel und Freizeit; Herstellung von Verkaufsprodukten		
Klappmaulpuppe	Zuschneiden, Heißkleben	Recycling; Rollenspiel		X
Engel und Bengel	Zuschneiden	Recycling von Verpackungen; Wahrnehmung der eigenen Person; Wünsche und Träume		
Stoffbild im CD-Rahmen	Schneiden mit Schere und Ausstellmesser	Recycling von Verpackungen; Werkzeug-Demontage; Dinge präsentieren		X
Filzen				
Zauberstein	Nassfilzen	Wünsche und Träume		
Hasenfamilie	Nassfilzen	Vergleich Hase und Kaninchen; Frühling		
Schneemann	Nassfilzen, Filz verformen	Winter; Herstellung von Verkaufsprodukten	X	
Schlüsselanhänger	Nassfilzen, Sticken	Dinge kennzeichnen; Herstellung von Verkaufsprodukten		
Stecknadel-Kaktus	Nassfilzen	Wüstenpflanzen		
Schatzbeutel	Nassfilzen	Dinge verstecken und aufbewahren; Handwerkskünste im historischen Vergleich		
Spitztüte	Nassfilzen	jahreszeitlicher Bezug; Isoliereigenschaft von Wolle; Räume schmücken	X	
Fadentechniken				
Faden-Mandala	Fadenmuster entwickeln	jahreszeitlicher Bezug; Räume schmücken		X
Paket-Postkarte	Fäden spannen	jahreszeitlicher Bezug; Kommunikation mit anderen	X	X
Kumihimo	Tundeln	Schmuck für den Körper; Leben in anderen Kulturen		X
Pomponmarionette	Pompon	Vögel; Rollenspiel; Recycling von Alttextilien	X	X
Fotobox	Stopfweben, Falzen	Dinge aufbewahren und ordnen		X
Web-Näh-Etui	Stopfweben	Recycling von Alttextilien; Organisation von Unterrichtsmaterialien; Spiel und Freizeit		

Thema	Fertigungstechnik	Bezug zu Lernfeldern	Arbeits-blatt	Vorlage/ Schablone
Nähen				
Schwammtier	Nähen	Spiel und Freizeit; Körperhygiene; Wasser	X	X
Brieftasche	Nähen	Dinge aufbewahren und transportieren		X
Baumschmuck	Nähen	jahreszeitlicher Bezug; Räume schmücken		X
Magnet-Monster	Nähen	Träume und Wünsche; Organisationshilfe für zu Hause/die Klasse	X	X
Schnabeltier	Nähen, Kordeln, Quasten	Rollenspiel	X	X
Portemonnaie	Nähen	Recycling von Verbundstoffen; Herstellen eines Produktes mit Verwendungszweck	X	X
Tassen-Pad	Nähen, Patchwork	Sinneserziehung; Herstellung von Verkaufsobjekten		X
Oberflächenstaltung				
Geschenk-schachtel	Fäden spannen, Falzen	Dinge aufbewahren und ordnen		X
Geschenk-Zünd-hölzer	Applizieren, Nähen	Spiel und Freizeit; Herstellung von Verkaufsobjekten		
Glasbanderole	Applizieren, Nähen, Sticken	Gebrauchswerterneuerung; Dinge präsentieren und ordnen		
Liebesherz	Applizieren, Nähen	jahreszeitlicher Bezug; Kommunikation mit anderen		
Stickkissen	Sticken	Wohnen; Schmücken des eigenen Zimmers		
Besticktes Nadel-buch	Sticken	Werkzeuge sortieren und aufbewahren	X X	X
Bedruckter Beu-tel	Stempeldruck	Muster analysieren und konstruieren; Dinge aufbewahren und transportieren	X	
Seidenbild	Stoffmalerei	ferne Länder; Leistungen früherer Kulturen; Metamorphose eines Schmetterlings; Materialkunde Seide; Träume darstellen; Räume schmücken	X X X	

1 Fisurenmaschine

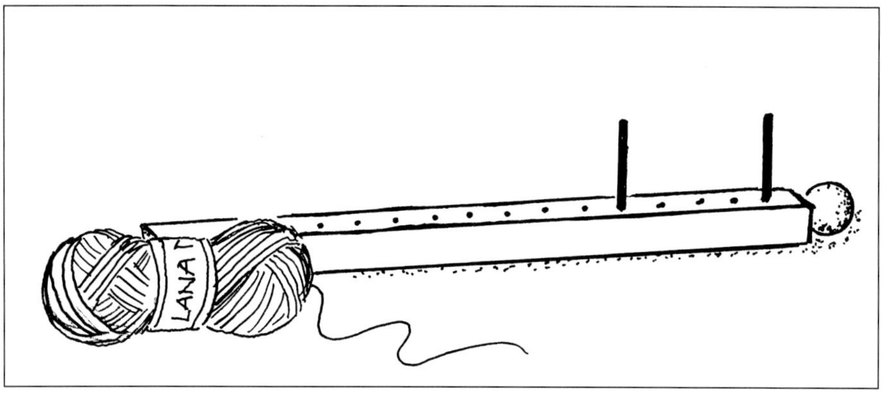

Stecke die Stäbe mit dem richtigen Abstand für die gewünschte Haarlänge in die Löcher.

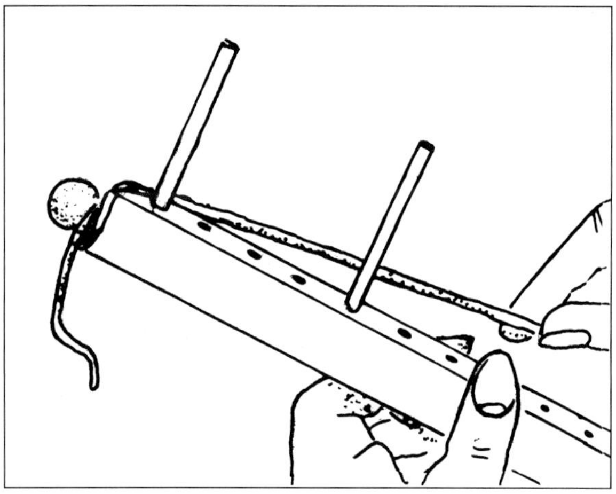

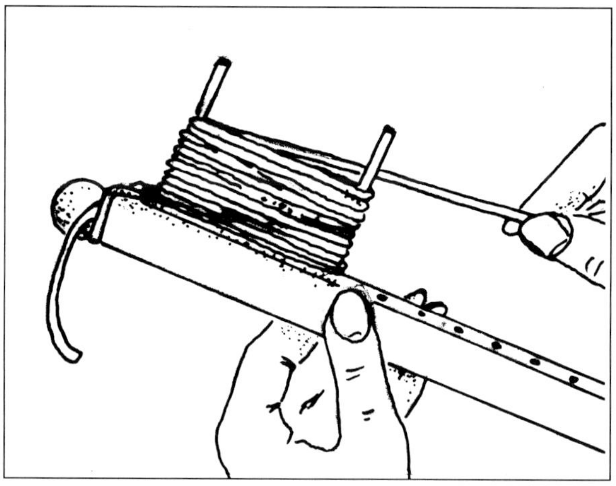

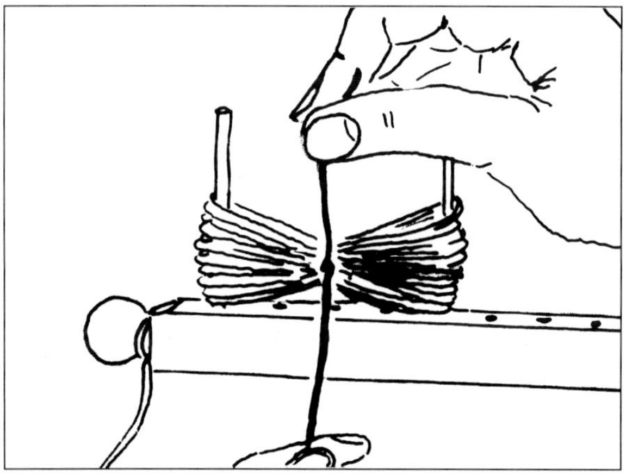

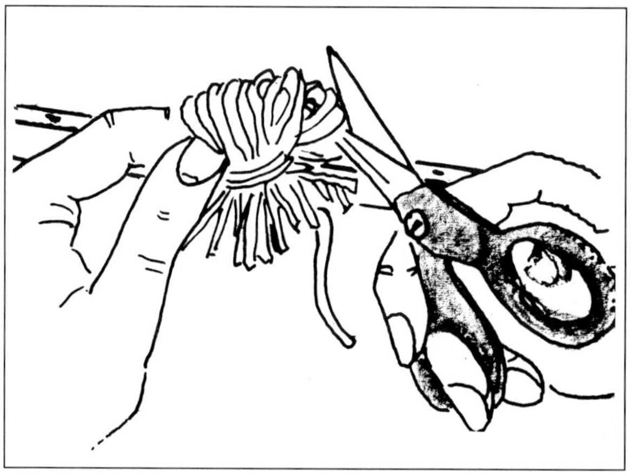

Für lange Haare:

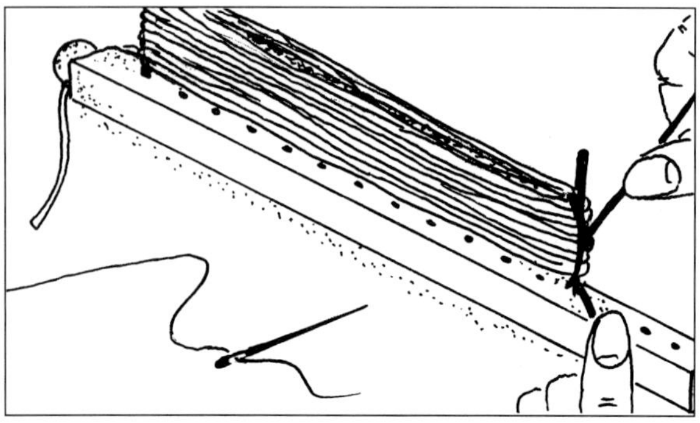

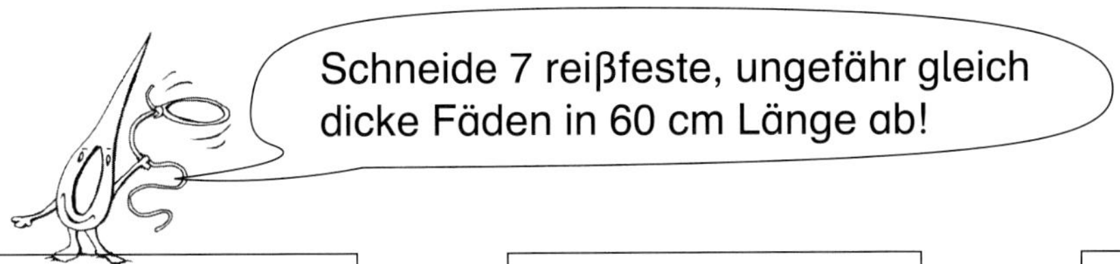

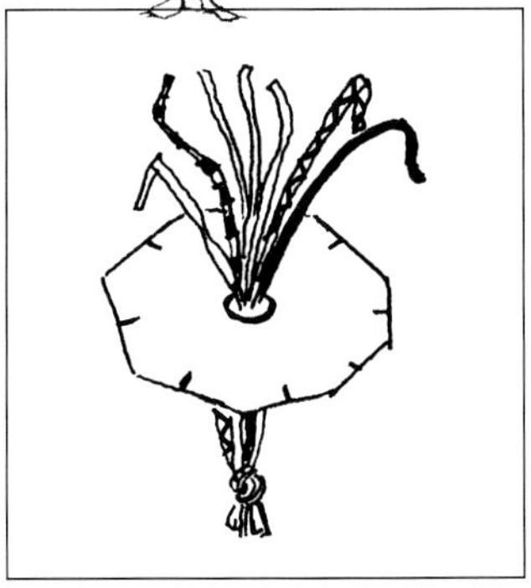

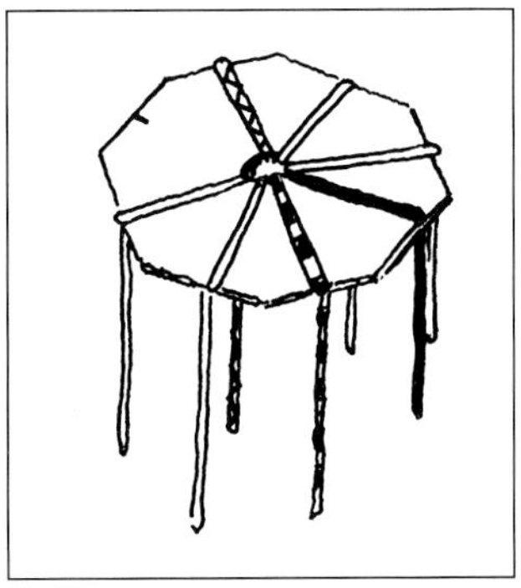

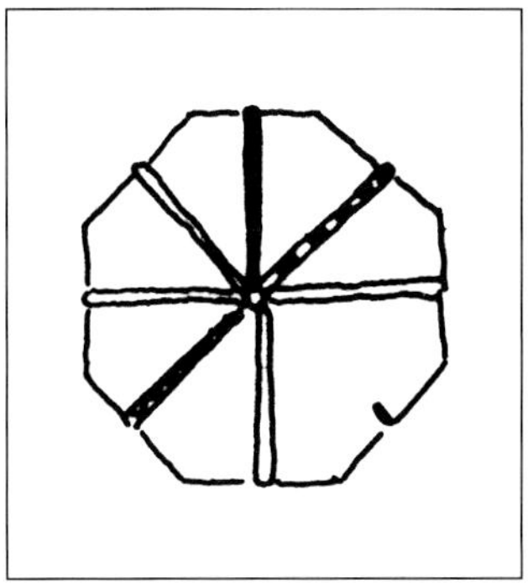

1. Verknote alle Fäden an einem Ende.
2. Lege den Knoten unter die Flechtscheibe und ziehe die Fäden durch das Loch nach oben.
3. Spanne alle Fäden in die Schlitze. Ein Schlitz bleibt dann frei.
4. Stelle dir die Flechtscheibe als Ziffernblatt vor.
   Drehe sie so, dass der leere Schlitz die „5-Uhr“-Position einnimmt.

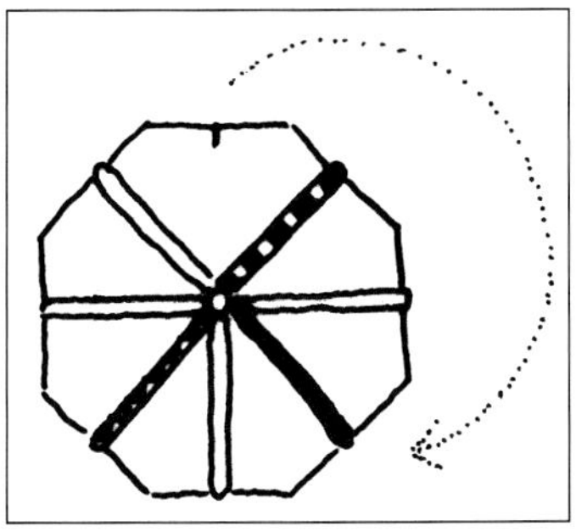

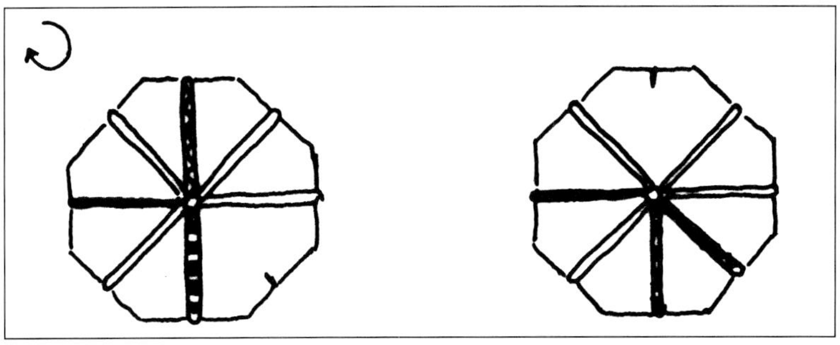

5. Löse den Faden der „12-Uhr“-Position und hänge ihn in die „5-Uhr“-Position.
6. Drehe die Flechtscheibe im Uhrzeigersinn, bis der leere Schlitz wieder auf der „5-Uhr“-Position ist. Die zweite Hand hält die entstehende Kordel stramm.
7. Wiederhole den Vorgang, bis die Arbeitsfäden zu kurz geworden sind.

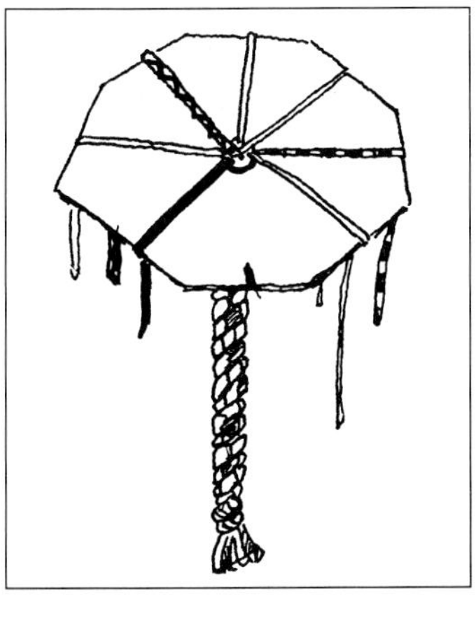

8. Löse zum Schluss alle Fäden und verknote sie miteinander.

3 Steppstich

Stationskarte

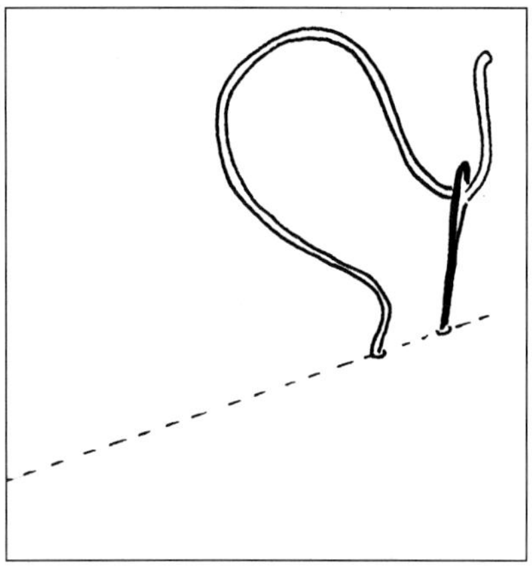

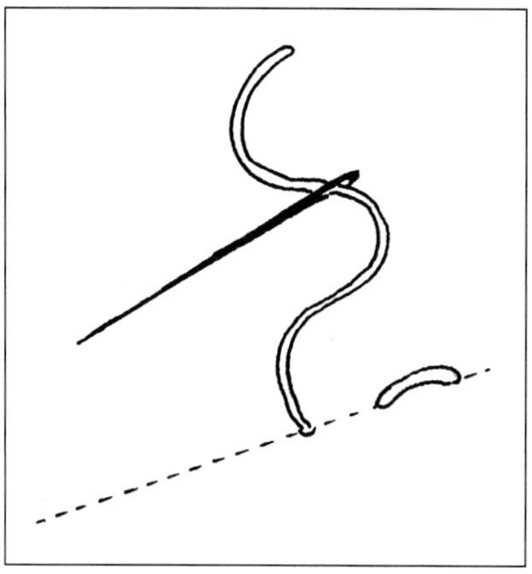

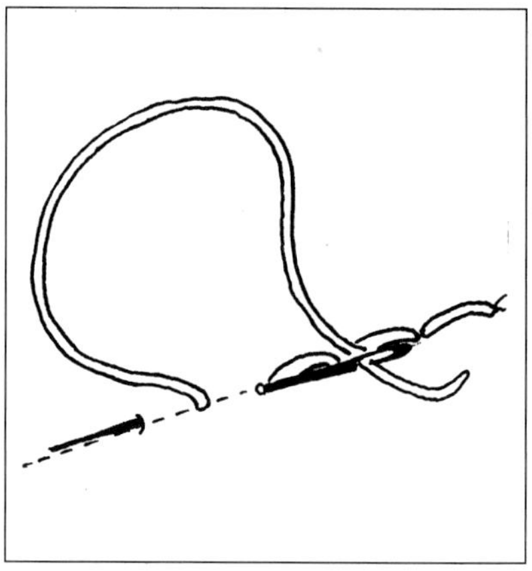

1. Arbeite von rechts nach links.
2. Stich 5 mm neben der Stoffkante heraus.
3. Nähe einen Stich rückwärts.
4. Komme mit Lücke vor dem ersten Stich wieder heraus. Achte nicht auf die hässliche Rückseite.
5. Es geht schneller, wenn du den nächsten Stich mit einem gleichzeitigen Ein- und Ausstich vorbereitest.

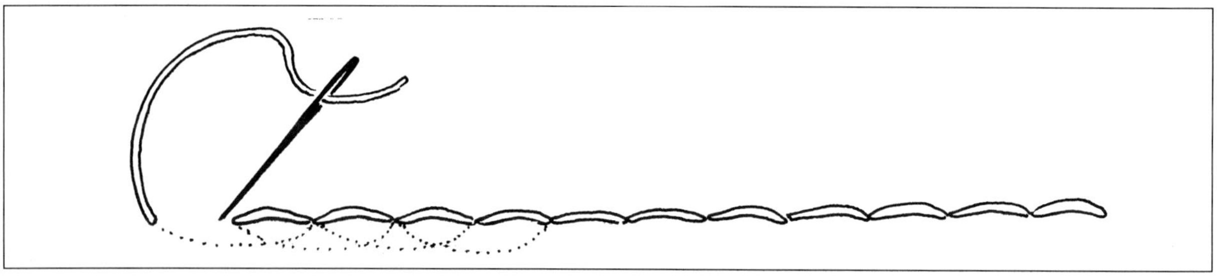

6. Arbeite so weiter, dass auf der Oberseite eine geschlossene Linie entsteht.

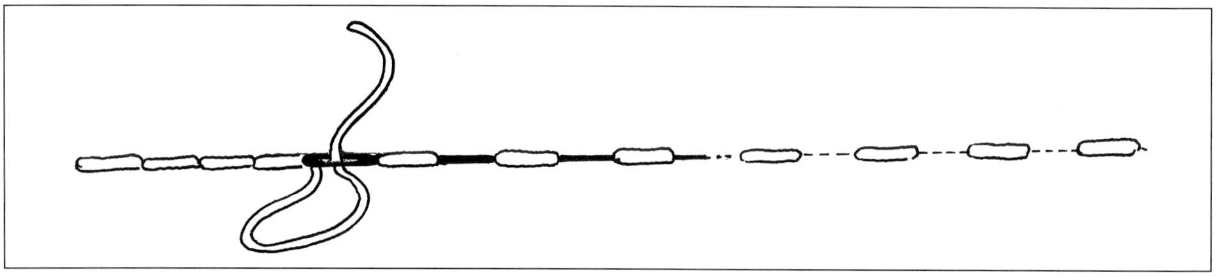

Tipp:

Wenn dir der Steppstich nicht gelingen mag, nähe einen regelmäßigen Vorstich. Schließe dabei die Lücken in der Rückrunde mit einer zweiten Vorstichreihe.

4 Festonstich

Stationskarte

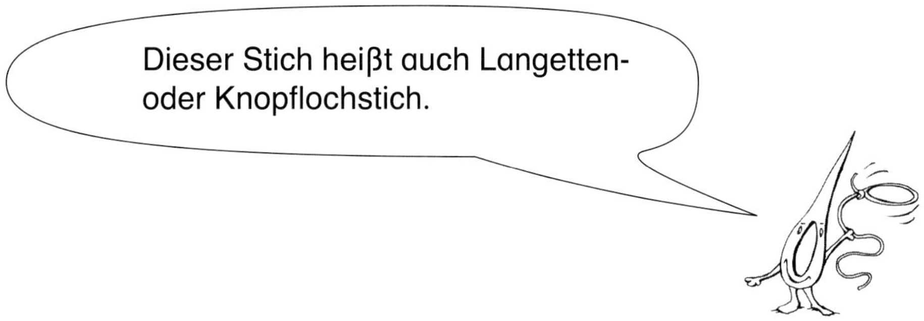

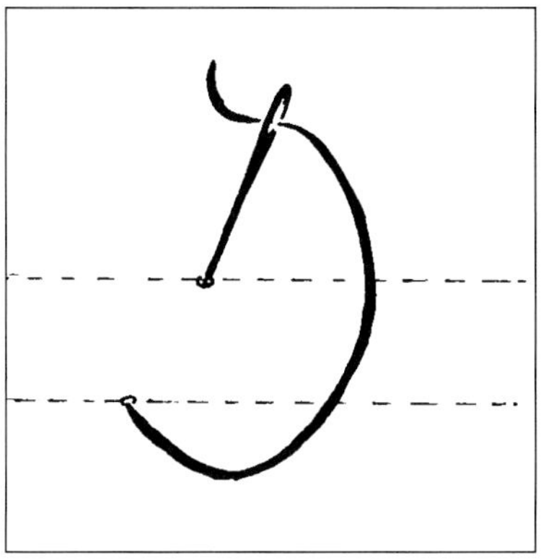

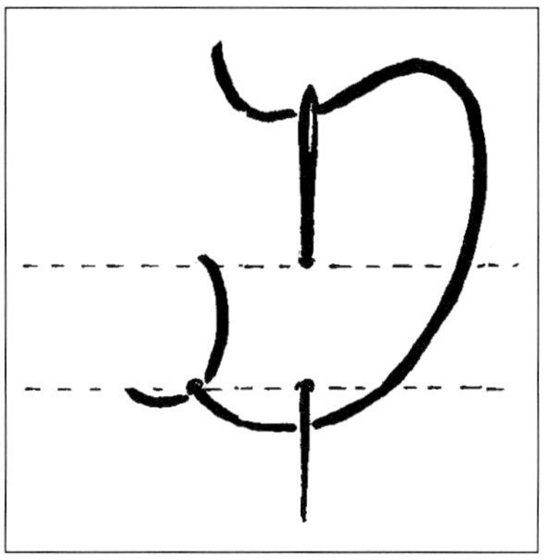

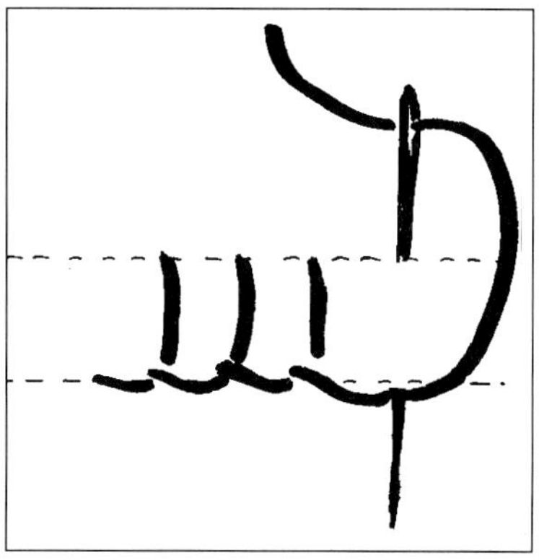

1. Stich mit der Nadel an der unteren Linie von unten heraus.
2. Lege eine Schlinge und stich nach rechts versetzt an der oberen Linie von oben ein.
3. Stich direkt unter diesem Einstichpunkt an der unteren Linie wieder nach oben heraus. Dabei liegt der Faden als Schlaufe unter der ausstechenden Nadel.
4. Fahre so fort. Achte auf gleichmäßige Stichlängen und Stichabstände!

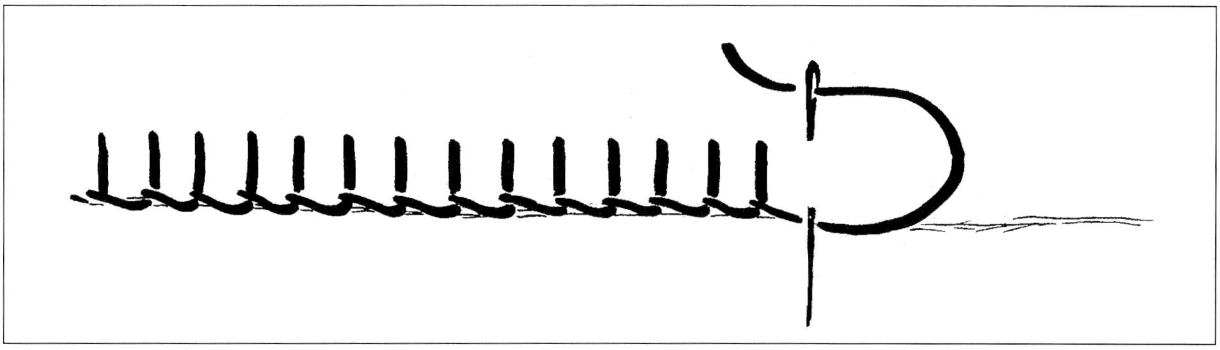

Tipp:

Der Stich eignet sich gut zum Versäubern und zum Verstärken von fransenden Stoffkanten!

5 Vorstichvariationen

Verwende eine stumpfe Sticknadel und einen Perlgarnfaden.
Beginne mit dem Sticken von Vorstichreihen.

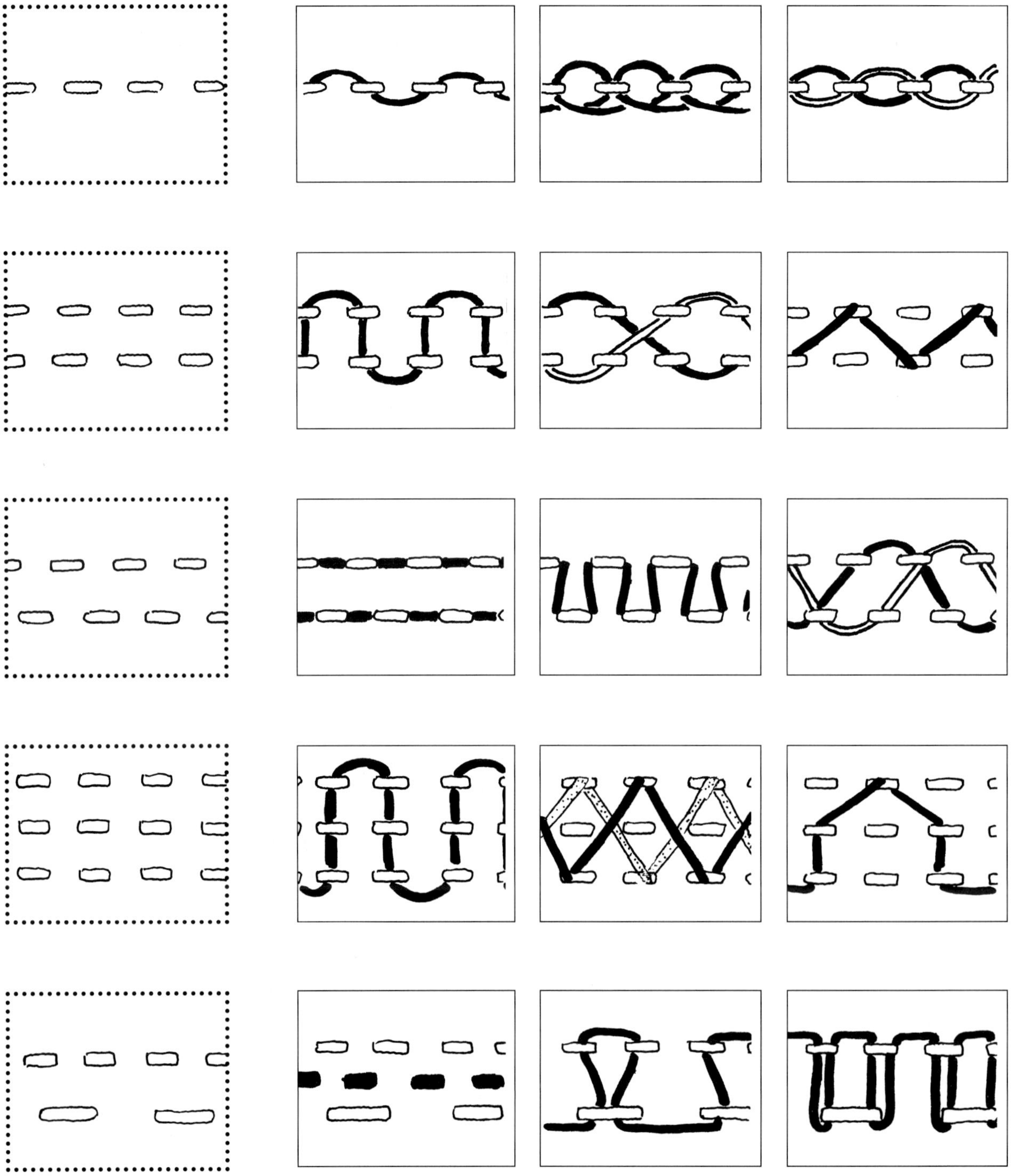

6 Falzen

Stationskarte

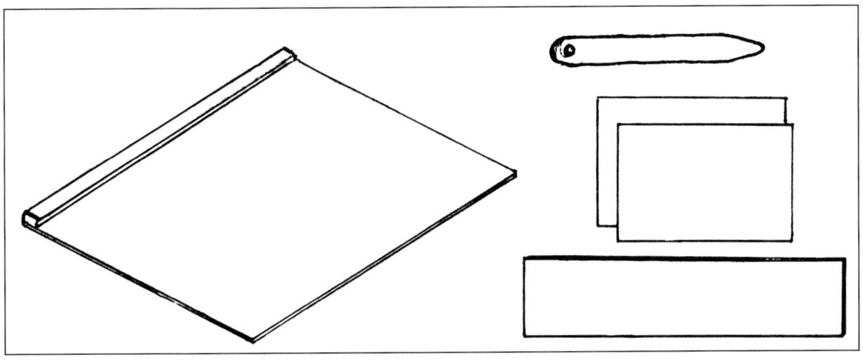

1. Rille den Rand von Deckel und Schachtelboden mit dem Falzbein und der Schablone.

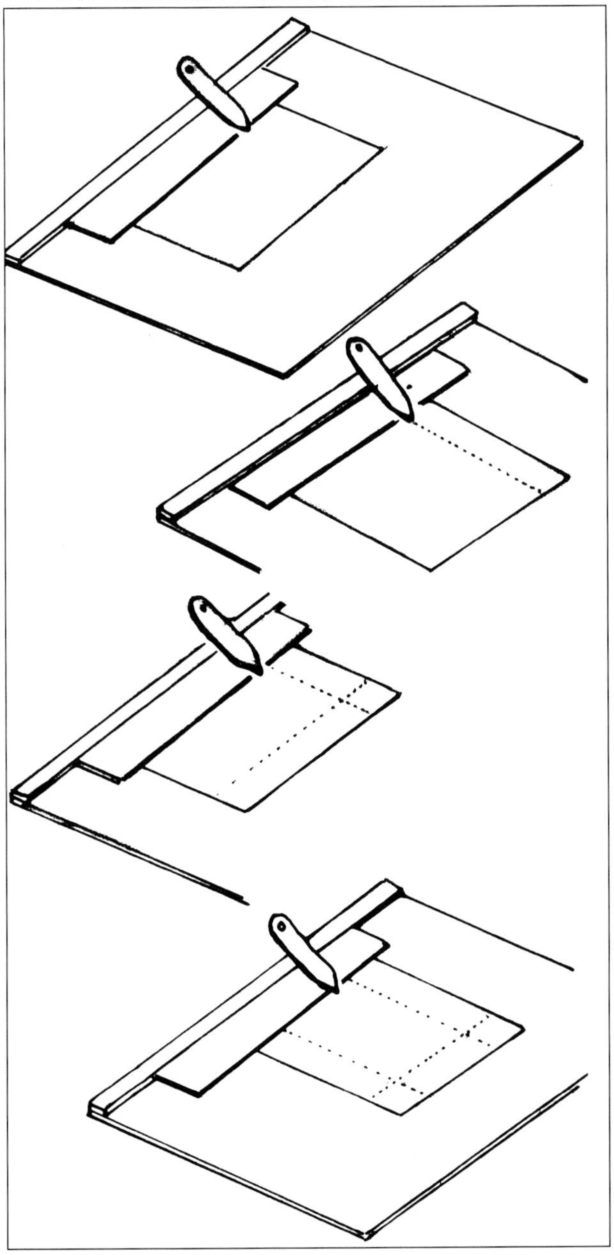

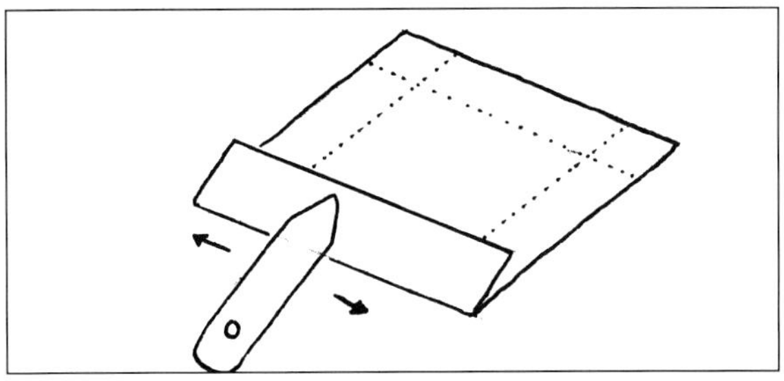

2. Falze alle gerillten Linien.

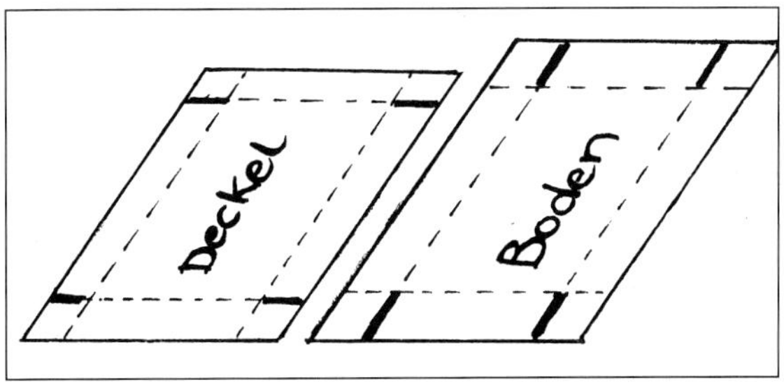

3. Schneide so ein.

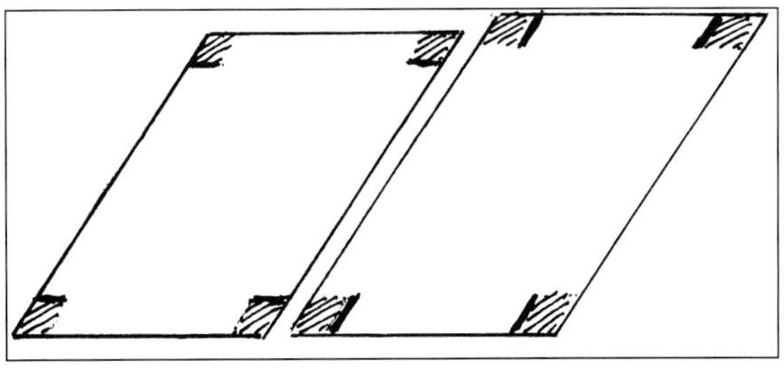

4. Trage den Klebstoff auf die Laschen der Schachtelaußenseite auf.

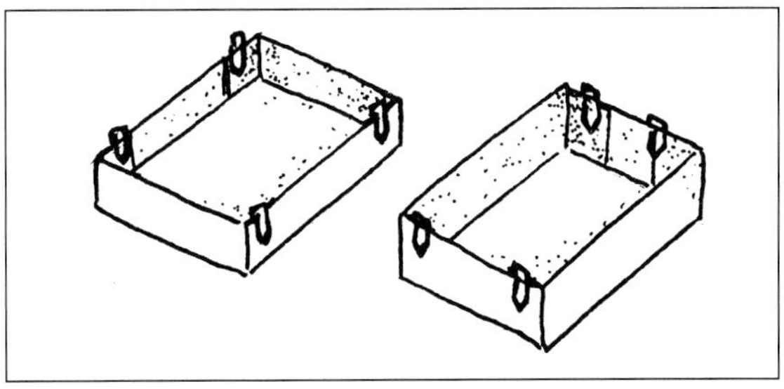

5. Benutze als Presshilfe Büroklammern.

1.1 Fenstergirlande

Schneiden, Kleben + Fädeln

Kompetenzen

- Entwurf eines Motivs in Anlehnung an ein festgelegtes Thema
- Übertragen des individuellen Entwurfs auf passende Zuschnittschablonen
- Gestalten von dekorativer Vorder- und Rückseite

Material und Vorbereitungstipps

- transparente Kunststoffdeckel → wie sie bei frisch abgepackten Salaten, Frischkäseverpackungen, Mascarpone-Töpfen, Crème-fraîche-Bechern etc. üblich sind
- Entwurfspapier
- Reste von Filz/Polarfleece
- Aqua-Trickmarker
- flüssiger Klebstoff
- transparenter Klebefilm

Methodisch-didaktischer Kommentar

- Damit die Fensterbilder in ihrer Gesamtheit wirken, sollte das Gestaltungsthema präzisiert werden, z. B. Frühblüher, Ostereier, Herbstlaub, Schneeflocken oder Sommerblumen. Die Themenwahl sollte auf die feinmotorischen Fähigkeiten der Schüler abgestimmt sein.
- Das selbsttätige Herstellen von Schablonen macht den Schülern deutlich, welche gezeichneten Elemente für das Ausschneiden zu filigran angelegt sind.
- Sind bei den Zeichnungen Überlappungen vorhanden, müssen diese bei den Zuschneideschablonen als getrennte, aber vollständige Einzelteile erscheinen. Das Kopieren der Entwurfsvorlage erleichtert das Ergänzen der vorher verdeckten Teile.
- Da der verzierte Deckel von beiden Seiten wirken soll, muss ein Klebstoff verwendet werden, der transparent eintrocknet.
- Details wie Augen, Mund usw. werden mit Textilfarbstiften oder Pailletten hinzugefügt.

Arbeitsablauf

- Abzeichnen der ausgewählten Deckelformen durch Umfahren der Kontur mit einem Bleistift.
- In diese Rahmen Motive zeichnen.
- Für das Anfertigen der Schnittmuster den favorisierten Entwurf fotokopieren, die Schablonenformen einzeichnen und vollständig ausschneiden.

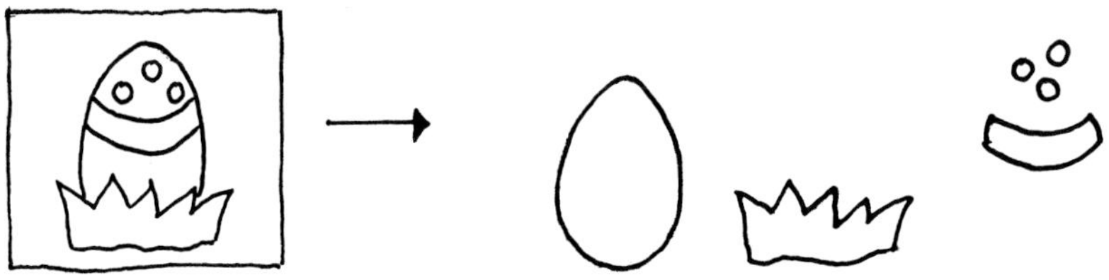

1.1 Fenstergirlande

Arbeitsablauf (Fortsetzung)

- Die Schablonen auf den gebügelten Filz aufstecken, die Umrisse markieren und entlang der Konturen ausschneiden.
- Zur Dekoration Details aus Filz auf Vorder- und Rückseite aufkleben. Störende Markierungslinien mit einem feuchten Tuch entfernen.
- Das Filzmotiv an möglichst nur einem Klebepunkt mittig auf den Kunststoffdeckel kleben.
- Mehrere Rahmen mit Klebefilm aneinanderkleben, als Girlande an die Fenster oder als Mobile in einen Reinigungsbügel kleben.

Tipp

- Bizarre Effekte lassen sich durch das einfache Bemalen mit Wassermalfarben erzielen. Je nach Jahreszeit werden nur Eisfarben, Frühlings- oder Herbstfarben verwendet.
  Beim Zusammenstellen einer Girlande können die Schüler lernen, dass sich Farben nach ihrer Stellung im Farbkreis, nach Komplementärkontrasten oder nach Intensität ordnen lassen.

1.2 Grußkarte mit Perlenanhänger

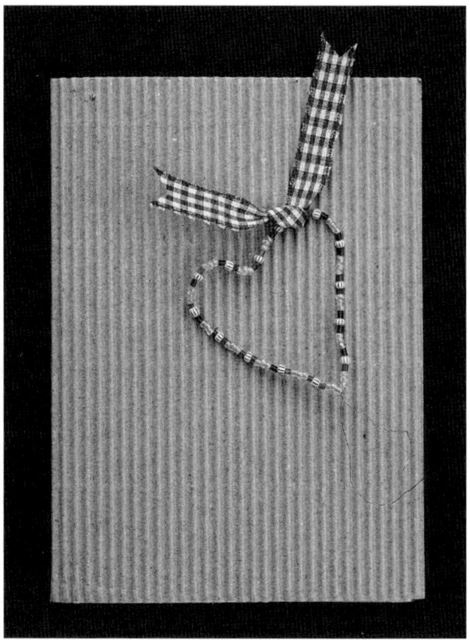

Kompetenzen

- Gestaltung eines einfachen Motivs aus einer Endloslinie
- Musterfolgen und Farbwechsel auf Papier planen
- Gestaltungsidee auf die Perlenauswahl abstimmen
- Förderung der Feinmotorik

Material und Vorbereitungstipps

- Karopapier und Buntstifte für Musterentwürfe
- Dekodraht, Ø 0,4–0,6 mm
- Seitenschneider
- diverse kleine Perlen → Rocailles, Stäbchenperlen, Wachsperlen: Die Perlen sollten nach Sorte und Farbe getrennt und in passenden Behältnissen gut sichtbar, leicht handhabbar und kippsicher aufbewahrt sein.
- pro Kind eine 6-mm-Perle → dient als Stopperperle, wird später wieder entfernt
- Kronkorken → als Sammelgefäß für Arbeitsperlen
- Filzfläche, ca. 20 cm x 25 cm → Als glatt gebügelte Arbeitsunterlage verhindert die raue Oberfläche ein Wegrollen der Perlen und garantiert ein leichtes Aufnehmen der Perlen. Alternativ kann ein unbenutztes Vlies-Wischtuch zugeschnitten werden.
- Locheisen Nr. 2
- Geschenkband, z. B. Chiffonband
- gefalzte Karte
- Stationskarte Falzen S. 33
- evtl. aus dem Vorgängerband Stationskarte Locheisen S. 43

Methodisch-didaktischer Kommentar

- Motorisch überforderte Kinder weichen auf das Fädeln mit gröberen Bügelperlen aus.
- Als Anfangsmodell eignet sich das Herz: Ohne Vorzeichnen wird der geschlossene Perlenring mittig eingedrückt, das Biegen der beiden Herzwölbungen geschieht frei Hand.
- Die Drahtlänge ist abhängig vom Musterentwurf. Ein zu kurzes Ende ist kaum formbar, zu lange Abschnitte sind für die Aufhängung an einem Punkt zu instabil.

Arbeitsablauf

- Musterfolgen in Abstimmung auf das vorhandene Perlensortiment festlegen.
- Den Arbeitsplatz einrichten: Perlenauswahl im Kronkorken, Filzarbeitsunterlage, Stopperperle und abgelängter Drahtabschnitt (ca. 25 cm).
- Die Stopperperle auf ein Drahtende schieben und mit Drahtwicklungen sichern, damit jegliches Herunterrutschen der aufzufädelnden Perlen verhindert wird.
- Auffädeln der Perlen in geplanter Abfolge.

Arbeitsablauf (Fortsetzung)

- Am Ende mindestens 3 cm Draht überstehen lassen.
- Die Stopperperle entfernen, die beiden Drahtenden verdrehen, evtl. kürzen und nun den verzierten Draht in die gewünschte Form bringen.
- In den Deckel der Karte dicht nebeneinander zwei Löcher stanzen.

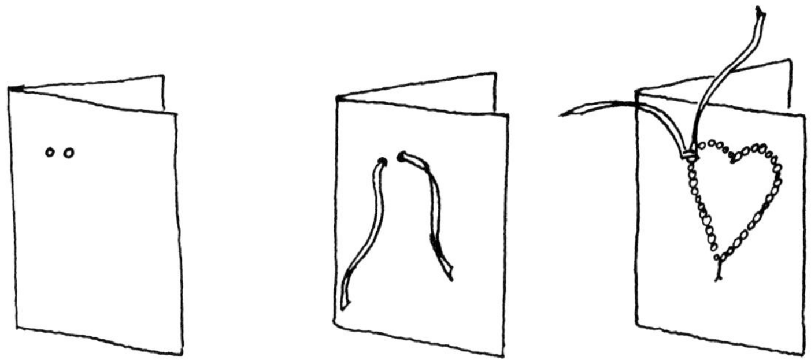

- 20 cm Geschenkband ablängen.
- Die schräg geschnittenen Enden durch die Löcher fädeln. Die Perlenform damit aufnehmen und festbinden.

Tipp

- Passend zur Jahreszeit zieren Blüten und Herzen den Muttertagsgruß, im Advent wird eine Tanne gebogen.
- Bei dem Abc-Fest in Klasse 1 formen die Schulanfänger den bunten Perlendraht zu ihrem Lieblingsbuchstaben.
- In Anlehnung an Inhalte des Mathematikunterrichts können hier folgende Themen praktisch umgesetzt werden: Entwicklung einer Silhouette aus einer Endloslinie, Abmessen der Außenlinie, Entwurf eines Musterrapports.

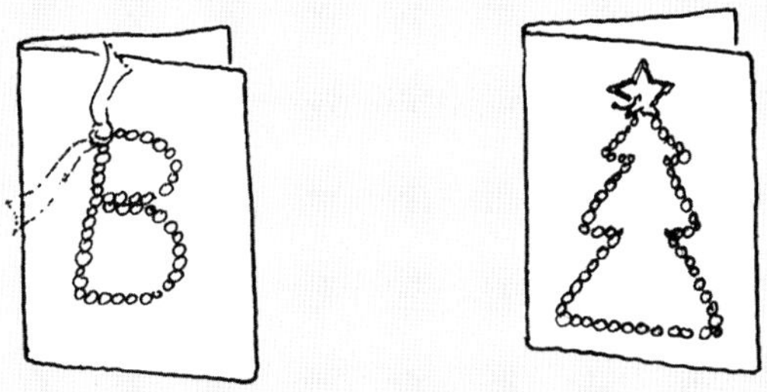

1.3 Zuckermaus

Kompetenzen

- sparsamer Zuschnitt
- exaktes Nachschneiden von geschwungenen Linien

Material und Vorbereitungstipps

- Designer-Filz, 3–4 mm dick
- Bastelfilzreste
- feiner Folienstift (permanent) → zum Umfahren der Schablonenkante
- rot-weiß geringelter Zuckerstock, ca. 15 cm lang → sollte aus hygienischen Gründen in Cellophan verpackt sein
- Holzperlen, Ø 8 mm → mit Vorstecher und Hammer auf einem Hirnholzklotz spalten. Alternative: Wackelaugen
- Heißklebepistole
- Kopiervorlage Schablone S. 39

Methodisch-didaktischer Kommentar

- Um das Entlangführen des Stiftes an der Schablone zu erleichtern, sollte diese aus Karton geschnitten sein.
- Die Körperschablone muss zum Anzeichnen des Einschnittes mit einem rechteckigen Loch versehen sein.

Arbeitsablauf

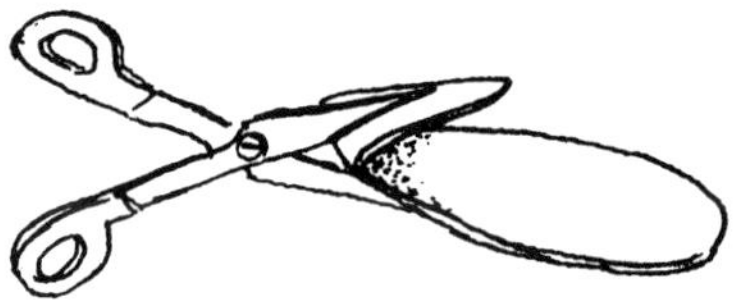

- Die Schablone platzsparend auf den dicken Filz auflegen.
- Mithilfe der Schablone die Konturen des Mauskörpers sowie die beiden Einschnittlinien anzeichnen.
- Dicht neben der Markierungslinie ausschneiden, sodass keine Filzstiftspuren mehr erkennbar sind.
- Die Schnauze so klappen, dass sich mit einer scharfen Stickschere die beiden Einschnitte für die Ohren setzen lassen.
- Das Ohrenpaar sparsam aus farblich passendem Bastelfilz ausschneiden.
- Die Ohren einrollen und durch die Einschnitte schieben.
- Für die Augen die Holzperlen spalten: Den Vorstecher in das Perlenloch stecken, auf einem Hirnholzklotz positionieren und so lange auf den Vorstecher hämmern, bis sich die Perle mittig spaltet.
- Die Augen mit wenig Heißleim fixieren.
- Den Zuckerstock mit dem geraden Ende an der Filzunterseite zwischen Körper und Ohrensteg klemmen.

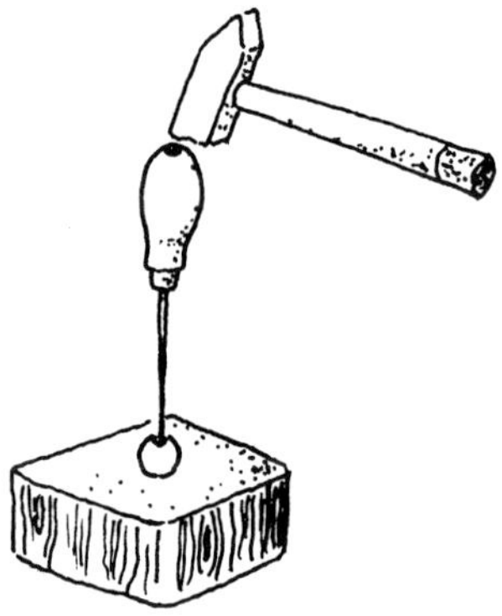

Tipp

- Zuckerstöcke sind weihnachtliche Saisonartikel, erhältlich in den Süßwarenabteilungen oder im Werbeartikel-Versand. Alternativ können zwei Plüschdrähte verdreht und in Handstockform verbogen werden.
- Die Mäuse sind die passende Geschenkergänzung zu James Krüss' gleichnamigem Gedicht.
- Am Schwanz aufgehängt zieren sie den Weihnachtsbaum.

Schablone

1.4 Lumpenball

Kompetenzen

- Unterscheidungskriterien für Gewebe und Gewirke entdecken
- Gebrauchswerterneuerung von Alttextilien erfahren

Material und Vorbereitungstipps

- alte Socke
- Jersey-Stoffe → alte T-Shirts auf 30 cm x 30 cm zuschneiden
- weiche Textilabfälle → Spannbettlaken, Feinstrumpfhosen, T-Shirts, Fleecereste usw.
- bunte Gewebereste → aus Viskose, Polyester, Baumwolle
- Stoffmalstifte, z. B. Pluster-Pens

Methodisch-didaktischer Kommentar

- Bei der Herstellung werden große Mengen an textilen Resten verwendet, die ansonsten kaum Verwendung finden: verfärbte, löchrige Jersey-Stoffe, einzelne Strümpfe, rutschige Synthetikstoffe, klumpige Füllmaterialien.
- Bei der Sortierung von Textilabfällen lernen die Schüler, zwischen Geweben (unelastisch, fadengerade reißbar) und Gewirken (elastisch, nur mit der Schere zu trennen) zu unterscheiden.

Arbeitsablauf

- Weiche Textilien (Gewirke) in handgroße Teile schneiden, dabei Nähte und harte Säume entfernen.
- Eine alte Socke stramm damit stopfen; mit sehr weichem Füllmaterial beginnen, damit die äußere Ballhaut ebenmäßig erscheint.
- Die gefüllte Socke in eine runde Ballform modellieren, notfalls Füllung nachstopfen.
- Aus den Geweben Stoffstreifen in unterschiedlichen Längen reißen (mind. 45 cm lang).
- Diese Stoffstreifen so um die gefüllte Socke legen, dass sie sich am Boden überkreuzen.

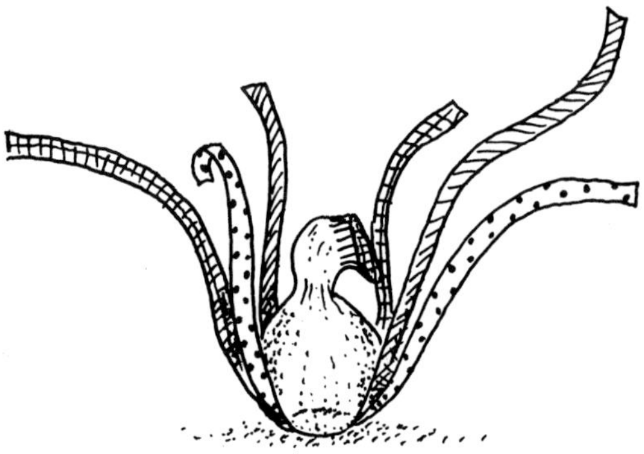

1.4 Lumpenball

Arbeitsablauf (Fortsetzung)

- Die Stoffstreifen und den Sockenschaft umfassen und mit der Hilfe eines Partners mit einem zusätzlichen Stoffstreifen umbinden.
- Den überstehenden Sockenschaft abschneiden.
- Den halbfertigen Ball in die Mitte des Jersey-Quadrates stellen.
- Den Ball in den Jersey-Stoff einpacken. Mit der Hilfe eines Partners mit einem Stoffstreifen fest zubinden.
- An den Kanten und Zipfeln des Jersey-Stoffes vorsichtig ziehen, damit die Falten am Ballboden verschwinden.
- Die Stoffstreifen auf optimale Länge schneiden.
- Nach Belieben am Ballboden ein Gesicht gestalten, das später im Spiel stets den Fänger begrüßen wird.

Tipp

- Gruppenweise werden einige Exemplare für die Spiel-Kiste der eigenen oder der Partnerklasse hergestellt.
- Spiele mit dem Lumpenball sollten im Zentrum einer Sportstunde stehen, damit die Schüler den kreativen, gefahrlosen Umgang mit ihm trainieren.

1.5 Lesezeichen

Kompetenzen

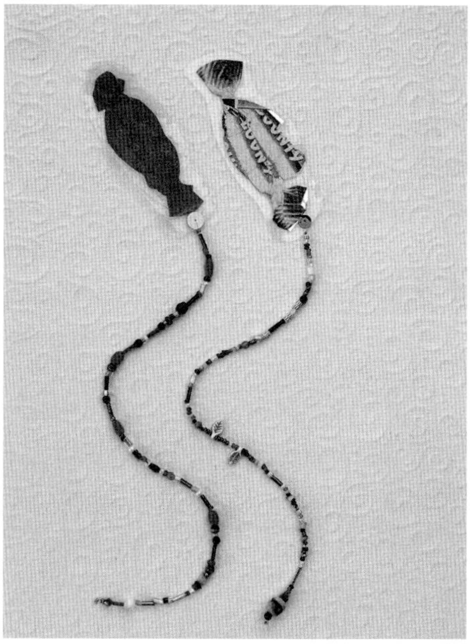

- Abstimmung von Farben
- Förderung der Feinmotorik
- Verwendung der Quetschperlen als „Stopper“ für Perlen

Material und Vorbereitungstipps

- glitzernde Bonbonpapiere → Beim Naschen darauf achten, das Papier nicht zu zerreißen und dieses möglichst im ursprünglichen Zustand mit den beiden verdrehten Enden zu belassen.
- Laminierfolien, DIN A4, 125 mic. → Die (leeren) Bonbons mit Abstand zueinander in der Folie platzieren. Damit sie nicht verrutschen und damit sich die Folie nicht in das Gerät „frisst“, immer mit Transportpappen arbeiten!
- Quetschperlen
- kleine Flachzange
- diverse kleine Perlen (max. Ø 4 mm)
- Nylonfaden (0,4 mm)
- Filzfläche als Arbeitsunterlage → siehe „Grußkarte mit Perlenanhänger“, S. 36
- Marmeladenglasdeckel → als Sammelgefäß für Arbeitsperlen

Methodisch-didaktischer Kommentar

- Das Einschweißen der voluminösen Bonbonpapiere erfordert Konzentration und ein hochwertiges Laminiergerät, deshalb sollte der Lehrer das Laminieren vor dem Unterricht in Ruhe erledigt haben.
- Wer häufig laminiert, sollte immer Bonbonpapiere parat halten, mit denen man die unbenutzten Folienbereiche geschickt bestücken kann.
- Den Schülern sollte die Benutzung der Fädelarbeit anhand von unterschiedlich gearbeiteten Lesezeichen demonstriert werden. Dicke Perlen beschädigen die Buchbindung. Möchten die Schüler trotzdem nicht darauf verzichten, sollten diese Perlen an den Enden aufgefädelt sein.

Arbeitsablauf

- Ein laminiertes Bonbonpapier auswählen.
- Mit einem gleichmäßig breiten, transparenten Rand ausschneiden.
- In den Randbereich mit der Stopfnadel ein Loch stechen.
- Einen Nylonfaden in das Loch fädeln.
- Das kurze und das lange Ende mit einer Quetschperle verbinden und mit der Flachzange flachdrücken, sodass der Nylonfaden nicht mehr rutscht.

1.5 Lesezeichen

Arbeitsablauf (Fortsetzung)

- Den Arbeitsplatz einrichten: Perlenauswahl (abgestimmt auf die Farben des Papiers) in einem kleinen Gefäß, Filzarbeitsunterlage.
- Die Perlen ohne Nadel in der gewünschten Reihenfolge auffädeln.
- Fertigstellung der Arbeit nach ca. 25 cm. Eine dicke Perle als Abschluss aufnehmen, den Nylonfaden dreimal in das Perlenloch fädeln, eine kleine Glasperle auffädeln.
- Zwei Quetschperlen auffädeln, quetschen und das Fadenende abschneiden.

Tipp

- Ein immer passendes Geschenk und ein überaus beliebter Basarartikel!

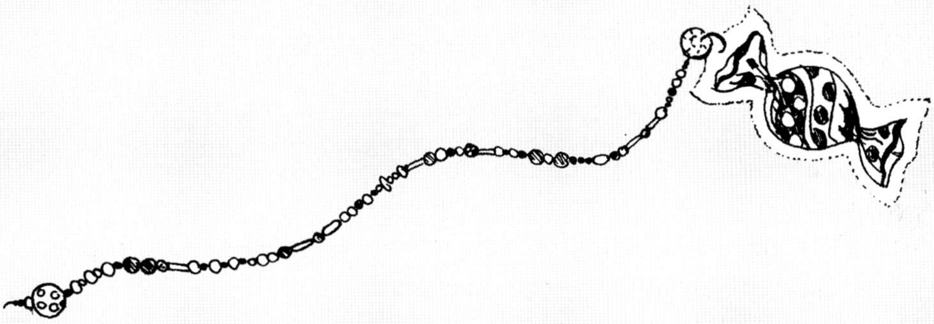

1.6 Klappmaulpuppe

Kompetenzen

- Umformung einer Sockensohle zum Maul einer Handpuppe
- geschickter Gebrauch der „Frisurenmaschine“
- Fixieren von Accessoires mit Heißleim

Material und Vorbereitungstipps

- alte Socke → die Größe passend zur Kinderhand auswählen
- Buntkarton → zur Versteifung des Mauls
- beidseitig klebendes Klebeband
- Wollreste → für die Herstellung einer Frisur
- diverse Bastelmaterialien
- Heißklebepistole
- Stationskarte Frisurenmaschine S. 28
- Kopiervorlage Schablone S. 46
- evtl. aus dem Vorgängerband Stationskarten Wollwuschel S. 34, Heißklebeprüfung S. 49

Methodisch-didaktischer Kommentar

- Das Sockendesign sollte auf den Puppencharakter abgestimmt sein.
- Alternativ kann ein abgeschnittener, zugeknoteter Pulloverärmel verwendet werden.
- Voraussetzung für einen gut funktionierenden Klappmechanismus ist das Falten der Maulpappe parallel zur Laufrichtung des Kartons. Die Laufrichtung sollte auf der Schablone und auf dem Karton vermerkt sein. Zur Feststellung der Laufrichtung wird der Bogen an einer Kante festgehalten. Wenn sich der Bogen zu einer Seite leichter biegt, verläuft die Laufrichtung parallel zur Wölbung.
- Um die Haut vor Verletzungen zu schützen, werden die Accessoires nur an die Puppe geklebt, wenn diese auf dem Arbeitsplatz ruht.

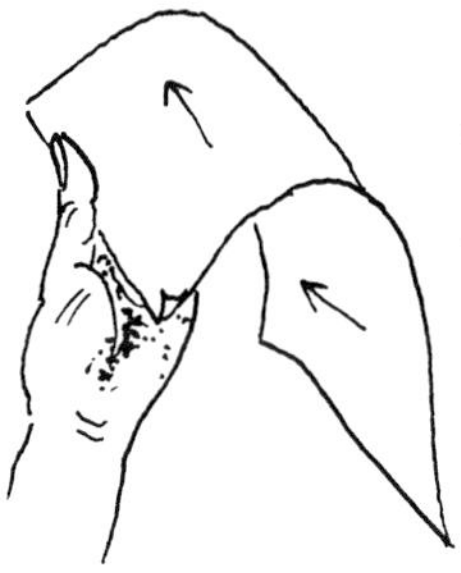

Arbeitsablauf

- Mithilfe der Schablone die Klappmaul-Einlage aus Buntkarton ausschneiden. Dabei die Laufrichtung des Kartons beachten.
- Die Pappeinlage mit beidseitigem Klebeband bekleben. Das Schutzpapier auf der Rückseite des Klebebands noch nicht abziehen.
- Den ausgewählten Strumpf auf links drehen.
- Das Schutzpapier vom Klebeband abziehen.
- Mit der Hilfe eines Partners die Sohlenunterseite flach hinlegen und die Pappeinlage faltenlos aufkleben.

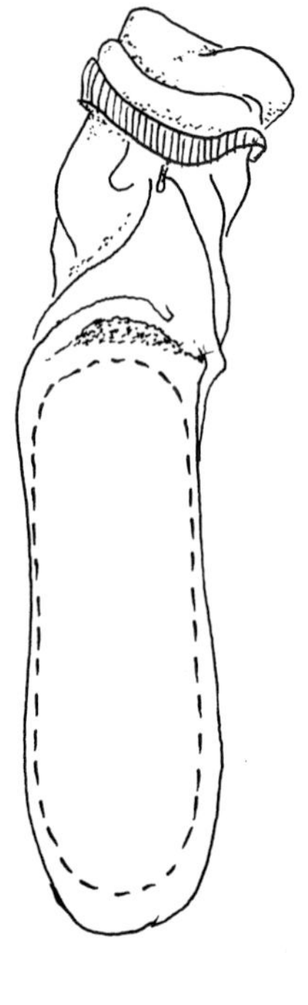

Arbeitsablauf (Fortsetzung)

- Den Strumpf vorsichtig auf rechts wenden.
- Die Hand so in den Strumpf stecken, dass sich der Daumen in der Ferse und die übrigen Finger in der Strumpfspitze befinden.
- Jetzt das Maul dort falten, wo die Hand Ober- und Unterkiefer trennt.
- Die gewünschte Haarlänge festlegen und eine entsprechende Frisur auf der „Frisurenmaschine" fertigen.
- Nach Belieben Augen, Ohren, Schnauze, Zähne, Zunge usw. gestalten und mit der Heißklebepistole aufkleben.

Tipp

- Lassen Sie den Kindern Zeit, sich mit der eigenen Puppe anzufreunden. Beobachten Sie das Puppenspiel und erlauben Sie interessierten Schülern, ein kleines Theaterstück aufzuführen.

Schablone

1.7 Engel und Bengel

Kompetenzen

- Recycling von Einwegflaschen und Alttextilien
- Zuschnittmaße von Kleidung und Accessoires anpassen

Material und Vorbereitungstipps

- Joghurt-Trinkflasche, 125 ml → vorzugsweise geschwungene Form; leere Flasche gut ausspülen, Deckel wird nicht benötigt
- Plüschdraht, Ø 15 mm, 15 cm lang
- Vorstecher
- Küchenmesser → Lehrer könnte Schnitte mit Ausstellmesser ausführen
- alte Kinderstrümpfe → für Puppenpullis, gerne fein gemustert
- Stoffreste
- Perlgarn Nr. 5
- haarfarbene Wollreste
- Watte-Eier, 38 mm lang
- zwei gleichfarbige Glaskopf-Stecknadeln → in gewünschter Augenfarbe
- roter Buntstift
- Heißklebepistole
- Stationskarte Frisurenmaschine S. 28
- evtl. aus dem Vorgängerband Stationskarten Wollwuschel S. 34, Quaste wickeln S. 27, Heißklebeprüfung S. 49

Methodisch-didaktischer Kommentar

- Damit die Schnittmuster universal zu verwenden sind, auf ähnliche/identische Flaschen achten. Wenn die Stoffzuschnitte von den Schülern zu machen sind, sollten Zuschnittschablonen von Hose, Rock bzw. Kleid (Maße siehe unten) vorbereitet sein.

Arbeitsablauf

- Für die Arme auf Schulterhöhe mit dem Vorstecher zwei Löcher in die Flasche bohren.
- Den abgelängten Plüschdraht durchschieben.

- **Für die Hose:** Die Flasche jeweils vorne und hinten mittig 5 cm aufschlitzen. Einen Hosenstoff zuschneiden (5 cm x 18 cm). Ein kurzes Ende in den vorderen Schlitz einklemmen. Ein Hosenbein formen, einen Zentimeter Stoff in den hinteren Schlitz einklemmen, das zweite Hosenbein formen (den Hosenstoff evtl. kürzen) und das zweite Stoffende in den vorderen Schlitz schieben.

1.7 Engel und Bengel

Arbeitsablauf (Fortsetzung)

- **Für den Pulli:** Die Strumpfspitze in Pullilänge abschneiden. Die vordere Kappe für den Halsausschnitt einschneiden. Auf beiden Seiten für die Arme einen 1 cm langen Schlitz einschneiden. Den Pullover überziehen und die Arme durch die Ärmellöcher führen.

- Für das Kleid: Einen feinen Stoff zuschneiden (30 cm lang, höchstens 11 cm hoch). Mit Perlgarn Nr. 5 das lange Ende mit Vorstichen einreihen. Das Kleid um die Flaschenöffnung binden und die Perlgarnenden gut verknoten. Offene Stoffkanten nach hinten drehen und aufeinanderkleben. Für die Arme Öffnungen schneiden.

- Den Flaschenhals mit einem Schal, einem Dreieckstuch oder einem gekräuselten Kragen verdecken.
- Eine Frisur auf der Frisurenmaschine fertigen und mit der Heißklebepistole auf dem breiten Watte-Ei-Ende fixieren.
- Als Augen zwei Glaskopf-Stecknadeln einstechen.
- Mund und Wangenrot aufmalen.
- Den Flaschenrand mit der Heißklebepistole einschmieren und schnell den Kopf daran fixieren.

Tipp

- Ein Engel entsteht durch die Verwendung eines Metallic-Stoffes, durch das Aufkleben eines Flügelpaares und durch das Aufstecken einen Goldreifens aus Draht im langen, blonden Haar.
- Um im Religions- oder Deutschunterricht wichtige Szenen aus der Bibel, aus Märchen oder aus Kinderbüchern nachspielen zu können, bietet sich die hier beschriebene Technik zum Bau der entsprechend bekleideten Figuren an.
- Für die Darstellung eines Schulkindes wird eine normale Streichholzschachtel mit Filz beklebt und als Schulranzen am Rücken fixiert.

1.8 Stoffbild im CD-Rahmen

Schneiden, Kleben + Fädeln

Kompetenzen

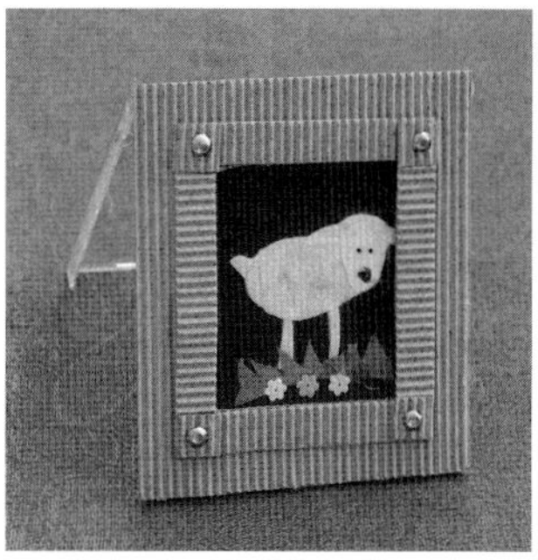

- Herstellung einer kleinen Stoffcollage
- sicherer Umgang mit dem Ausstellmesser
- Gestaltung eines Bilderrahmens

Material und Vorbereitungstipps

- Buntkarton als Bildhintergrund → Zuschnitte vorbereiten, 11,5 cm breit, 13,7 cm hoch
- Ausschnitt-Schablone in Karton → als Sucher für den Passepartout-Ausschnitt
- Stoffreste
- Klebestift → alternativ Flüssigkleber verwenden, aber zur Fleckenvermeidung äußerst sparsam einsetzen
- alte CD-Hülle mit herausnehmbarer CD-Mulde
- Wellpappe, Mikrowellpappe oder Maschinengraupappe, 1,5 mm dick → für den Rahmen auf das CD-Außenmaß auf 12,6 cm x 14,3 cm zuschneiden
- Rahmen-Schablone in Karton → zum Einzeichnen des Passepartout- Ausschnitts
- Ausstellmesser mit Schneideunterlage
- Mikrowellpappe → Zuschnitte in verschiedenen Streifenbreiten (1–3 cm) vorbereiten
- Pailletten, Streuteile und Musterbeutelklammern → zum Dekorieren
- Kopiervorlage Schablone S. 51

Methodisch-didaktischer Kommentar

- Damit die Schüler sich nicht an Details aufhalten, sondern sich immer auf den eher zu kleinen Bildausschnitt konzentrieren, sollen sie ohne Entwurf und aufgezeichnete Schnittlinien den Stoff frei zuschneiden und ihn an der Ausschnittschablone kontrollieren.
- Der Bilderrahmen steht durch den Aufklappmechanismus der CD-Hülle, deshalb wird das Bild immer im Hochformat präsentiert.
- Die Rückseite der CD-Hülle fungiert als Bilderrahmenglas und sollte nicht verkratzt sein.
- Um Unfälle zu vermeiden und um die Schüler auch für den Werkzeuggebrauch in ihrer Freizeit zu schulen, sollte die Benutzung des Ausstellmessers intensiv behandelt werden: das Fixieren der Klinge bei der Benutzung, das Abbrechen der verbrauchten Klinge sowie die Handhaltung beim Schneiden auf einer Unterlage. Das Ausstellmesser ist ein optimales Gerät, das Unterrichtsverfahren „Demontage und Remontage" mit Grundschulkindern zu erproben. Machen Sie zur Freude der Schüler einen Wettstreit daraus und stoppen Sie die Zeit!
- Ein textiler Rahmen entsteht, wenn der Kartonrahmen mit Buchbinderleim auf Filz, Plüsch oder Polarfleece geklebt wird. Nach dem Trocknen müssen die überstehenden Kanten sauber nachgeschnitten werden.

Arbeitsablauf

- Einen Buntkarton für den Bildhintergrund auswählen.
- Mithilfe der Rahmen-Schablone den Bildausschnitt mit Bleistift einzeichnen.
- Die Einzelteile für das Bildmotiv aus Stoff zuschneiden.
- Mit der Rahmen-Schablone die Ausmaße kontrollieren und gegebenenfalls korrigieren.

Arbeitsablauf (Fortsetzung)

- Die Stoffteile mit Klebstoff fixieren.
- Nach Wunsch sparsam zusätzliche Details hinzufügen. Anschließend trocknen lassen.
- Die schwarze CD-Mulde herausnehmen, das Stoffbild in die Hülle einlegen und dann die CD-Mulde wieder einklicken.

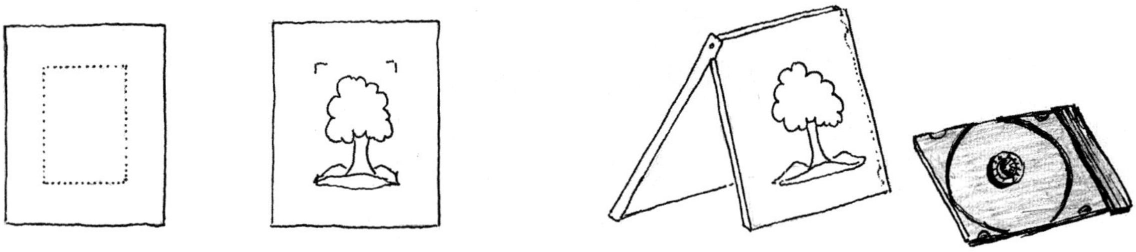

- Für den Rahmen auf der Rückseite des Kartonzuschnitts die Ausmaße des Passepartouts aufzeichnen. Den Ausschnitt möglichst exakt mit dem Ausstellmesser ausschneiden.
- Den Kartonrahmen mit passend zugeschnittenen Kartonstreifen dekorieren.

- Nach Belieben mit Pailletten, Streuteilen oder Musterbeutelklammern dekorieren.
- Den Rahmen mit der Heißklebepistole auf die CD-Hülle kleben.
- Den fertigen Rahmen kippsicher aufstellen.

Tipp

- Als Bildthema bieten sich zahlreiche Sachunterrichtsthemen an: Obst, Bäume, Vögel, Bauernhoftiere, Zootiere ...
- Wenn eine Kinderzeichnung aus dem Kunstunterricht einen besonderen Rahmen finden soll, bietet sich das Bekleben des Rahmens mit Stoffresten einer Farbnuance an. Mit verdünntem Buchbinderleim werden die Flicken aufgeklebt und die seitlichen Überstände auf der Rückseite befestigt.
- Um ein Kippen des CD-Rahmens zu verhindern, wird am unteren Klappenrand von Vorder- und Rückseite mittig ein Loch eingeschmolzen. Dazu einen mit der Flachzange gehaltenen kleinen Nagel über einer Kerzenflamme erhitzen und noch heiß durch den Kunststoff stoßen. Eine Nylonschnur durchfädeln und mit je einer Quetschperle fixieren.

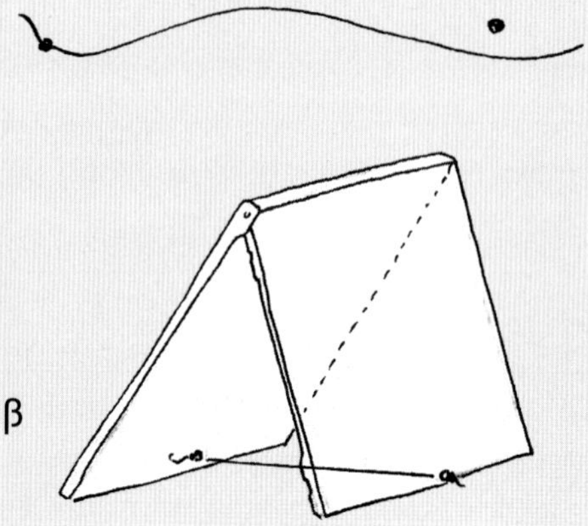

Schablone

——— Außenkante des Bilderrahmens

- - - - Bildhintergrund

· · · · · · Ausschnittsucher bzw. Passepartout-Ausschnitt

Filzen – Allgemeine Hinweise

Die im Folgenden beschriebenen Filzarbeiten setzen gewisse Grundlagenkenntnisse voraus. Die Grundlagen des Filzens werden im Vorläuferband ausführlich dargestellt. Dort finden Sie auch Hinweise zur Materialkunde, Bildkarten für das Flächenfilzen sowie eine Reihe von Themen für Filzanfänger. Die Materialgrundausstattung ist hier in Form einer Checkliste zusammengefasst.

Grundausstattung für das Filzen

- Wachstuchdecken/Duschvorhänge → Schutz der Tischoberflächen
- große Arbeitstische/Tischgruppen mit Platz für 4 bis 5 Schüler
- evtl. Wasserkocher
- Liter-Gefäße
- alte Frotteehandtücher → zum Händeabtrocknen
- Wäscheständer
- Kunststoffwäscheklammern
- Plastikschüsseln → zum Eintauchen der Filzbälle
- Kunststoffgefäße → zum Aufnehmen der Schülerarbeiten

Verbrauchsmaterialien:

- Rohwolle im Kammzug, naturweiß und naturbraun
- Rohwolle im Kammzug, gefärbt
- flüssige grüne Seife (Schmierseife)
- Kernseife am Stück

Zusätzliche Materialien für das Flächenfilzen:

- Fliegengazeabschnitte
- Schwammtücher (20 cm x 20 cm und 40 cm x 30 cm)
- Bambusrolloabschnitte als Walkmatten (ca. 35 cm x 45 cm)
- Gästehandtücher

Tipp

- Als Rezept für die Seifenlauge gilt: zwei Verschlusskappen auf gut einen halben Liter warmes Wasser. Je heißer das Wasser, desto effektiver, aber die Temperatur sollte immer auf die Empfindsamkeit der Kinderhände abgestimmt sein. Kalte oder verschmutzte Lauge wird zwischendurch entsorgt.
- Ungefärbte Rohwolle ist preiswerter und leichter filzbar als gefärbte, deshalb sollte sie immer großzügig eingesetzt werden, wenn Farbigkeit keine Rolle spielt, wie z. B. im Inneren des Balles.
- Da Anfänger kein Gefühl für die Verbrauchsmenge haben und unbenutzte Wolle am Arbeitsplatz unnötig nass wird, bietet es sich an, dass der Lehrer die gewünschten Farben zuteilt.
- Wenn vereinzelte Filzarbeiten eine Endbearbeitung benötigen, kann der Wäschetrockner helfen, denn schon nach wenigen Minuten entsteht eine gut verdichtete Außenhaut. Wenn der Filz aber zu lange im Trockner steckt, wird er winzig und steinhart.
- Wenn die Unterrichtszeit nicht ausreicht, wird der unfertige Filz zwischengelagert. Zu Beginn der nächsten Stunde wird die inzwischen getrocknete Filzfläche wieder mit warmer Lauge angefeuchtet und der Arbeitsablauf fortgesetzt.

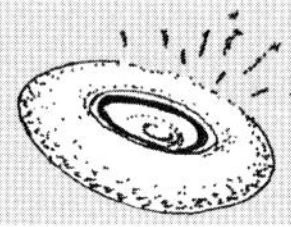

2.1 Zauberstern

Filzen

Kompetenzen

- Umhüllen eines Steins in mehreren Schichten
- Sichtbarmachung der Farbschichten durch Einschneiden

Material und Vorbereitungstipps

- Grundausstattung für das Filzen, siehe S. 52
- irisierende Glassteine, Ø 3 cm
- gefärbte Rohwolle im Kammzug

Methodisch-didaktischer Kommentar

- Wer keine großen Glassteine zur Hand hat, klebt mit Kraftkleber einen kleinen Glasnugget auf einen schön geformten Stein und umfilzt diesen.
- Um mit einem kleinen Schnitt den Blick in die Tiefen des Glases freigeben zu können, sollte die Wollschicht nicht zu dick sein. Erfahrene Filzer können dennoch auch mehr als zwei Farbschichten auflegen.

Arbeitsablauf

- Zunächst eine helle Wollfarbe auswählen, die einen guten Kontrast zum Glas bildet.
- Den Glasstein locker mit der Wolle umhüllen.
- Den umhüllten Stein in die Lauge tauchen und wieder herausnehmen.
- Über einem Gefäß vorsichtig das überschüssige Wasser ausdrücken, sodass sich die Wollschicht ohne Lufteinschlüsse fest um den Stein legt.
- Mit seifigen Fingern diese Schicht ein wenig anfilzen.
- Jetzt den Stein erneut in eine andersfarbige Wollschicht packen.
- Den umhüllten Stein in die Lauge tauchen, herausnehmen und das überschüssige Wasser ausdrücken, sodass sich die Wollschicht wieder ohne Lufteinschlüsse fest um den Stein legt.
- Gegebenenfalls weitere spinnwebendünne Wollschichten hinzufügen, sodass diese farbige Außenhaut wie eine deckende Farbschicht wirkt.
- Die Filzhülle gut filzen. Es sollten die Farbfasern erkennbar werden, die aus dem Inneren nach außen „gekrabbelt" sind.
- Mit einer spitzen Schere ein kleines, kreisrundes Loch in die Filzschicht schneiden.
- Mit seifigen Fingern die Schnittkanten gut anfilzen, sodass die Farbschichten erkennbar sind und der Blick auf den glänzenden Stein ermöglicht wird.
- Gut ausspülen und trocknen lassen.

Tipp

- Da der Zauberstein sehr unterschiedliche Materialien vereinigt, lieben Kinder das Berühren und das Sich-darin-Versenken. Er ist ein angenehmer Begleiter bei Fantasiereisen.
- Im Deutschunterricht beschreiben die Schüler, was ihnen beim Berühren durch den Kopf geht, was den Zauber ausmacht oder was sie mit den Farben assoziieren.

2.2 Hasenfamilie

Kompetenzen

- Filzen von eiförmigen Körpern
- Komposition zu einem Hasen aus großen und kleinen Filz-Eiern
- freies Formen von fehlenden Körperteilen

Material und Vorbereitungstipps

- Grundausstattung für das Filzen, siehe Seite 52
- ungefärbte Rohwolle in Hasenfellfarbe → 15 g für den Körper, 4 g für den Kopf
- Glasperlen
- Nähgarn und Nähnadel → passend zum Perlenloch und zur Perlenfarbe
- schwarzer Zwirn → für die Schnauzhaare
- Heißklebepistole
- evtl. aus dem Vorgängerband Stationskarte Heißklebeprüfung S. 49

Methodisch-didaktischer Kommentar

- Wenn es die Zeit erlaubt, sollten die Schüler sich ausgiebig mit dem Material Rohwolle auseinandersetzen können: betrachten mit dem Auge, der Lupe, dem Mikroskop; befühlen; beschnuppern; den Kammzug mit der Hand oder der Schere ablängen; in Faserflocken und Einzelhaare unterteilen; die Strukturen verschiedener Wollqualitäten vergleichen.
- Am einfachsten ist das Filzen einer Kugel in der Größe, die von beiden Händen des Filzers umschlossen werden kann. Um die benötigte Wollmenge zu berechnen, die ungefilzte Rohwolle fest zusammengedrückt zwischen den zu einer Kugel geformten Händen (in Kindergröße!) pressen, diese Wollmenge wiegen bzw. sich die Kammzuglänge notieren.
- Die Plastikbeutel lassen sich mehrmals verwenden, wenn sie nach Gebrauch ausgespült und getrocknet werden.
- Der Lehrer filzt grob eine Walze vor und schneidet kleine Fetzen von der Walze ab, die die Schüler zu Ohren weiterfilzen.

Arbeitsablauf

- Filzen des Hasenkörpers, siehe hierzu zunächst Arbeitsablauf „Schneemann“ (Seite 56).
- Wenn die Außenschicht gut verfilzt ist, den Ball erneut ausdrücken und ihn mit knetenden, rollenden Bewegungen in den Händen zu einer Eiform modellieren.
- Passend zum Körpermaß in gleicher Technik einen eiförmigen Kopf filzen.
- Die Seifenreste aus Kopf und Körper durch mehrmaliges Ausspülen entfernen, gut ausdrücken und anschließend trocknen lassen.
- Aus wenig Vorfilz kleine Ohren filzen.
- Für den Schwanz mit ganz wenig Wasser aber viel Seife eine winzige Kugel zwischen den Fingern modellieren.
- Die Teile gut ausspülen und trocknen lassen.

Arbeitsablauf (Fortsetzung)

- Die Teile so mit Heißkleber verbinden, dass das Häschen Stand bekommt.
- Den Zwirn dreimal um die vier Finger wickeln, herunterschieben und in der Mitte verknoten, die Endschlaufen aufschneiden.

- Die Augen aus Glasperlen und die Schnauzhaare annähen.

Tipp

- Kinder sammeln vorher ihre Tierwünsche und der Lehrer skizziert an der Tafel die Tiere, die sich aus ganzen und halben Ei- und Kugelformen zusammensetzen lassen (z. B. Schaf, Maus, Vogel).

2.3 Schneemann

Kompetenzen

- Filzen einer Körper- und einer dazu passenden Kopfkugel
- feuchte Filze durch Druck in beliebige Form bringen
- Nachahmung der Hutherstellung nach Techniken der Karnevalshutfabrikation

Material und Vorbereitungstipps

- Grundausstattung für das Filzen, siehe Seite 52
- ca. 20 g naturweiße Rohwolle → 12 g für den Bauch und 8 g für den Kopf
- orangefarbene Rohwolle → Lehrer filzt grob eine Walze vor und schneidet Fetzen davon ab, die die Schüler zu kleinen Doppelnasen weiterverfilzen
- 3 kleine Oberhemden-Knöpfe
- schwarze Holzperle, Ø 4–5 mm
- Bastelfilz → für den Hut, Kreisschablone aus Karton, Ø 12,5 cm
- gläserne Teelichthülse → als Hutform
- Sprühstärke
- Webband, 10 mm breit
- Klebstoff
- Kopiervorlage Anleitung für die Hutherstellung S. 58
- Heißklebepistole
- evtl. aus dem Vorgängerband Stationskarte Heißklebeprüfung S. 49

Methodisch-didaktischer Kommentar

- Das Filzen der weißen „Schneekugeln" ist relativ einfach, weil die ungefärbte Rohwolle extrem schnell verfilzt und weil bei dem Schneemann als Dekorationsobjekt das Filzen eines festen Kerns nicht nötig ist.
- Bei der Herstellung der Puppenhüte in einem einfachen Spannverfahren erkennen die Schüler, dass Filze in feuchtem Zustand durch Drücken, Pressen und Stecken in jede Form zu bringen sind.
- Die illustrierte Arbeitsbeschreibung dient der individuellen Erarbeitung eines Herstellungsverfahrens; vergrößert und laminiert haben die einzelnen Arbeitsschritte starken Aufforderungscharakter bei der Serienfertigung in Kleingruppen.
- Wenn für die Hutformen auch noch Deckel von Deodorants oder Haarspray zum Einsatz kommen, müssen gegebenenfalls weitere Schablonen vorbereitet werden. Zur Unterscheidung sollte der Deckeldurchmesser in der Mitte aufgezeichnet sein.

Arbeitsablauf

- Ca. 12 g naturfarbene Rohwolle vom Kammzug ablängen.
- Die Wolle in kleine Faserbüschel zerzupfen und den Faserberg in den Gefrierbeutel füllen.
- Den Beutel in eine Hand nehmen und mit der anderen Hand etwas Seifenlauge dazugießen, sodass eine kleine Pfütze sichtbar wird.
- Die Luft aus dem Beutel drücken, die Tüte oben zuhalten und von außen mit den Fingern die Wolle ca. zwei Minuten kneten.

2.3 Schneemann

Arbeitsablauf (Fortsetzung)

- Die Seifenlauge über ein Gefäß ausgießen, den Wollklumpen aus der Tüte nehmen und zu einer Kugel formen.
- Die Plastikschüssel mit Seifenlauge füllen
- Mit trockenen Händen weitere weiße Wollflocken zu einer spinnwebendünnen Schicht auseinanderziehen und um die Wollkugel legen.
- Den Ball in die Schüssel tauchen, dann vorsichtig herausnehmen.
- Die Luft und das Wasser sanft über der Schüssel ausdrücken, damit sich die Wollschicht wie eine Haut auf den Ball legt.
- Den Ball ein wenig zwischen den Händen rollen.
- So lange weitere spinnwebendünne Wollschichten um den Filzball legen, bis alle Unebenheiten bedeckt sind und der gewünschte Umfang erreicht ist. Dabei immer die Arbeitsschritte „tauchen/ausdrücken/formen/neue Schicht auflegen" wiederholen.
- Die feuchten Hände mit Kernseife einschmieren.
- Ca. fünf Minuten lang den Ball zwischen den Händen rollen, dabei die Oberfläche sanft streicheln.
- Den Ball ein wenig ausdrücken. Für weitere fünf Minuten den Ball in eine Hand nehmen, während die andere Hand Teilflächen des Balls kreisförmig reibt. Zwischendurch den Ball wieder zu einer gleichmäßigen Kugel formen.
- Den Ball gut ausdrücken. Mit wenig Seifenschaum fünf Minuten gut durchkneten.
- Im fast trockenen Zustand den Ball mit größtmöglicher Kraft fünf Minuten lang rubbeln.
- Der Ball ist fertig, wenn sich keine Fasern mehr lösen und sich der Kern fest anfühlt.
- Für die Kopfkugel mit 8 g Wolle genauso verfahren.
- Die Seifenreste bei beiden Bällen durch Ausspülen entfernen. Gut ausdrücken und anschließend trocknen lassen.

Zusammenbau des Schneemanns

- Mit der Heißklebepistole die Kopfkugel so auf den Körper kleben, dass der Schneemann von allein steht.
- Eine Doppelnase in der Mitte zerschneiden. Die Mini-Karotte ankleben.
- Eine Perle mit dem Vorstecher spalten und die beiden Augen aufkleben (siehe „Zuckermaus", Seite 38).
- Zwei bis drei Knöpfe auf den Bauch kleben.

- Arbeitsablauf Hutherstellung: Siehe Anleitung (Seite 58).

Tipp

- Dieser Schneemann ist der „Bestseller" auf jedem Weihnachtsbasar. Durch eine arbeitsteilige Produktion gelingt den Grundschulkindern schnell eine ansehnliche Stückzahl. Damit die Winterkerle nicht zu einheitlich aussehen, können Details wie Hutbänder, Hutfedern oder Besen geschickt variiert werden.

2.3 Schneemann

Kopiervorlage

Anleitung: Hutherstellung

1.
Wähle für die gewünschte Hutform Deckel und Schablone aus.

2.
Lege die Schablone auf die ausgewählte Filzfläche und zeichne die Umrisse mit einem Filzstift nach. Schneide den Kreis sauber aus.

3.
Achte darauf, dass keine Filzstiftlinien mehr zu sehen sind. Feuchte dann den Filz an.

4.
Spanne den Filz über den Deckel. Dein Partner hilft beim Abbinden mit einem Gummiband.

5.
Ziehe vorsichtig an den Filzkanten, sodass sich die Fältchen am Hutrand gleichmäßig verteilen.

6.
Lege den Hut auf ein Tablett und sprühe ihn gut mit Sprühstärke ein.

7.
Lasse den Hut bis zum nächsten Tag trocknen.

8.
Entferne das Gummiband und klebe stattdessen ein passendes Schmuckband auf.

9.
Dekoriere den Hut so, dass er gut zu der Figur passt, die ihn tragen soll.

2.4 Schlüsselanhänger

Filzen

Kompetenzen

- Filzen von runden und eiförmigen Perlen
- Auffädeln von Filzperlen auf Stahlseil

Material und Vorbereitungstipps

- Grundausstattung für das Filzen, siehe Seite 52
- gefärbte Rohwolle im Kammzug
- nylonummantelter Stahldraht, Ø mind. 1 mm → mit dem Seitenschneider 25 cm ablängen
- Quetschperlen → mit kleiner Flachzange werden die Metallperlen flachgedrückt und dienen als Stopper
- Straußkanüle, Ø 1,8–2 mm → bei Tierärzten von Großtieren erhältlich
- Dekorationselemente → Perlen, Muttern, Unterlegscheiben etc.
- Schlüsselring

Methodisch-didaktischer Kommentar

- Beim Filzen von Mini-Bällen, hier Perlen, besteht die Gefahr, dass die Wolle eher zum Pfannkuchen verfilzt. Um dies zu verhindern, muss fast ohne Wasser und mit purer Seife modelliert werden.
- Das Auffädeln von Filzperlen ist nicht ganz einfach: Manchmal schiebt sich das Fädelloch trotz Vorbohrens schnell wieder zu, die Fädelschnüre sind zum Einfädeln in eine Nadel zu dick und bei teuren Schmuckdrähten gibt es unschöne Knicke am Öhr. Der Einsatz der Straußkanüle löst jedes Fädelproblem: Ohne Kraftaufwand wird die spitze Hohlkanüle (Vorsicht!) mithilfe des Kunststoffanfassers mitten durch die Filzperle gestochen, die Stahldrähte werden von der Spitze aus in die Kanüle eingeführt, die Kanüle wird nach hinten hin herausgezogen und die Perle sitzt genau auf dem Fädeldraht.
- Damit keine Filz- oder großen Glasperlen über die Quetschperlen hinwegrutschen, sollte direkt an der Quetschperle immer eine Glasperle mit feinem Loch positioniert werden.

Arbeitsablauf

- Einen ca. 30 cm langen Kammzugstrang mit den Händen zerteilen bzw. vierteln.
- Das dünne Kammzugband mehrmals verknoten, bis eine ausreichend dicke Knotenkugel entsteht.
- Die losen Faserenden um die Kugel legen.
- In eine Schüssel mit Seifenlauge tauchen, herausnehmen, ein wenig ausdrücken, zu einer Kugel formen.
- Nach Wunsch die Oberfläche mit einer neuen Faser- oder Farbschicht hauchdünn belegen.
- Erneut in die Seifenlauge eintauchen, Wasser gut ausdrücken und mit eher trockenen, aber seifigen Fingern eine Kugel formen. Wenn die Außenhaut gut verfilzt ist, kann die Perle ausgespült werden.
- Weitere Perlen filzen, die sich in Größe, Form und Farbe unterscheiden können, aber zueinander passen sollten.
- Beide Enden des Stahldrahts zusammenlegen und dabei eine Schlaufe bilden.
- Die Schlaufe durch das Auffädeln und Flachdrücken einer Quetschperle fixieren.
- Nach Wunsch die Dekorationselemente auffädeln. Das Ende mit einer kleinen Glasperle und zwei Quetschperlen sichern. In die Schlaufe einen Schlüsselring einlegen.

Tipp

- Nach Belieben können die Filzperlen mit Fäden, Perlen und Pailletten bestickt werden.

2.5 Stecknadel-Kaktus

Kompetenzen

- Filzen von „Zigarren“
- Zusammenbau der Einzelteile zu einem Kaktus

Material und Vorbereitungstipps

- Grundausstattung für das Filzen, siehe Seite 52
- grüne Rohwolle im Vlies
- Mini-Blumentopf, Ø 3–4 cm
- Knetgummi
- Heißklebepistole
- Stecknadeln
- Blütenpailletten
- evtl. aus dem Vorgängerband Stationskarte Heißklebeprüfung S. 49

Methodisch-didaktischer Kommentar

- Da sich die Rohwolle im Vlies bereits in Wirrlage befindet, ist das Modellieren mit dieser Wolle leichter als mit dem Kammzug. Dabei wirkt das Melangenvlies der Firma Wolllust-Schurwollversand besonders natürlich.

Arbeitsablauf

- 10 g Rohwolle in die Lauge eintauchen.
- Sanft ausdrücken und mit den Händen zu einer dicken Walze formen.
- Eine dünne Wollschicht auflegen, die Unregelmäßigkeiten und Furchen einfängt.
- Die umhüllte Form in die Lauge tauchen, wieder herausnehmen und über dem Gefäß vorsichtig ausdrücken, sodass sich die Wollschicht ohne Lufteinschlüsse fest um die Form legt.
- Fertigfilzen; dabei darauf achten, dass die Enden der Walze nicht spitz auslaufen.
- Ausspülen und trocknen lassen.
- Eine dünne, lange „Zigarre“ für die Kaktus-Arme filzen.
- In unterschiedlich lange Abschnitte schneiden und die Schnittkanten rund nachfilzen.
- Ausspülen und trocknen lassen.
- Die dicke Walze in den Blumentopf stellen und mit wenig Heißkleber fixieren.
- Den Zwischenraum zwischen Kaktus und Topfwand mit Knetgummi ausfüllen.
- Die Kaktusarme schräg anschneiden und an gewünschter Stelle ankleben.
- Stecknadeln, einige mit aufgespießten Blütenpailletten, aufstecken.

Tipp

- Spitz zulaufend wird ein gefilzter Kegel zur Tanne, geschmückt mit Stecknadeln und Sternenpailletten zum Weihnachtsbaum.
- Ein Kugelkaktus entsteht aus einer gefilzten Kugel, in die mit langen Spannfäden die typische Segmentunterteilung angedeutet wird.

2.6 Schatzbeutel

Filzen

Kompetenzen

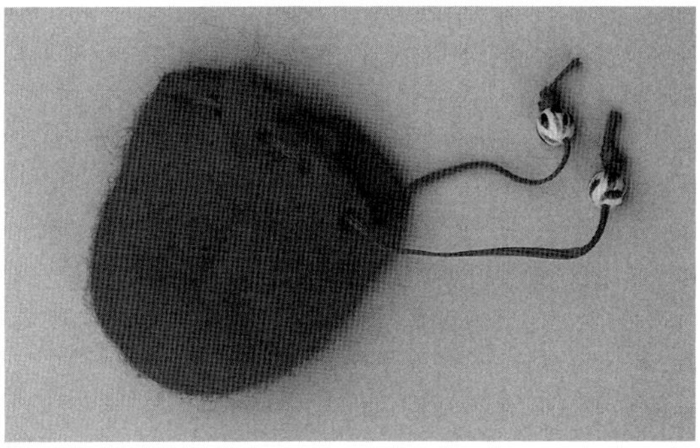

- Herstellen einer Hohlform durch Umfilzen eines Körpers
- Gestaltung eines Doubleface-Beutels
- Anbringen eines Zugsaums

Material und Vorbereitungstipps

- Grundausstattung für das Filzen, siehe Seite 52
- gefärbte Rohwolle in mindestens zwei Farben
- Styrodur-Block → als Plattenmaterial im Baumarkt erhältlich, auf ein handliches Maß zusägen, z. B. 40 mm x 120 mm x 80 mm
- große Plastikschüsseln → in denen sich die eingehüllten Formen tauchen lassen
- Lochzange → zum Schutz der Lochpfeife nur mit untergelegtem Lederstück verwenden
- Kordel → Prinzip des Gegenzuges
- spitze Schere

Methodisch-didaktischer Kommentar

- Der Lehrer sollte seine Modelle, die sich durch unterschiedliche Ausformung von Saum und Boden unterscheiden, mit dem entsprechenden Styrodur-Körper vorstellen, damit der Schrumpfungsprozess und die Umformungsmöglichkeiten von Filzhüllen deutlich werden.
- Die Filzdicke sollte 2 bis 3 mm betragen. Dünnere Wände werden schnell löchrig, dickere Wände sind in ihrer Form schwer zu modellieren.

Arbeitsablauf

- Die Rohwollgrundfarbe wählen, in dünne Stränge unterteilen, mit den Strängen den Block einbandagieren.
- Den umhüllten Block in die Lauge tauchen und wieder herausnehmen. Überschüssiges Wasser vorsichtig ausdrücken, sodass sich die Wollschicht ohne Lufteinschlüsse fest um den Block legt.
- Einige dünne Wollschichten auflegen, den Block eintauchen, herausnehmen, ausdrücken usw., bis rundherum eine gleichmäßige Wanddicke und eine regelmäßige Außenhaut erreicht sind.
- Jetzt eine zweite deckende Farbschicht in Etappen auflegen und anfilzen.
- Die Filzhülle gut filzen, bis die Farbfasern, die aus dem Inneren nach außen „gekrabbelt" sind, erkennbar sind.
- Mit einer spitzen Schere die fertige Hülle oben aufschneiden und die Form herausnehmen.
- Auskehren und die Schnittkanten sowie die weniger verfilzte Innenschicht weiter bearbeiten. Wieder auf rechts drehen.
- Außenkanten mit der Schere begradigen.
- Mit seifigen Händen und viel Druck die Filzhülle in die gewünschte Form modellieren. Gut ausspülen und trocknen lassen.

- Parallel zur oberen Schnittkante eine gerade Anzahl von Löchern stanzen und zwei Kordeln im Gegenzug einziehen.

2.7 Spitztüte

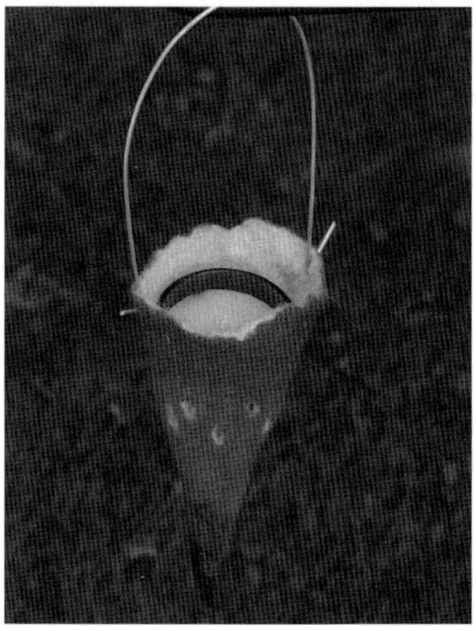

Kompetenzen

- Herstellen einer Hohlform durch Umfilzen einer Schablone
- Gestalten der Filzoberfläche durch Aufbringen von Farbmustern

Material und Vorbereitungstipps

- Grundausstattung für das Filzen, siehe Seite 52
- naturfarbene Rohwolle → preiswert und leicht filzbar
- bunte Rohwolle → für gezielte Farbeffekte
- Unterlegfolie für Laminatfußboden → preiswertes Material für gut spürbare Filzschablonen
- Fliegengaze
- Dreieckschablone → z. B. über mittig gefaltetes DIN-A4-Blatt hergestellt; rundherum ca. 1 cm hinzugeben, weil der Filz schrumpft
- Kopiervorlage Anleitung S. 63
- evtl. aus dem Vorgängerband Stationskarte Flächen filzen S. 50–51

Methodisch-didaktischer Kommentar

- Das Umfilzen einer nicht filzbaren Schablone ermöglicht das nahtlose Filzen vielfältigster Hüllen, wie z. B. Hüte, Taschen, Kissenhüllen oder Tierkörper. Als Schablonenmaterial sind alle Kunststoffmaterialien geeignet, deren Kanten sich durch die dicken Wolllagen noch fühlen lassen, also auch Reste von stabiler Baufolie, Teichfolie, Gewächshausfolie, Moosgummi oder dünner PVC-Fußbodenbelag.
- Beim Flächenfilzen wird die Schablone von beiden Seiten belegt. Dabei werden die über die Schablone hinausragenden Fasern im trockenen Zustand auf die andere Seite geklappt, sodass eine gefilzte Kante entsteht, die später wegmodelliert wird. Nasse Fasern lassen sich nicht mehr so leicht verschieben.
- Um Löcher und Unregelmäßigkeiten in der Filzstärke zu vermeiden, sollte man sich für das Belegen der Folie Zeit lassen. Erst wenn der Untergrund korrekt geschichtet ist, werden Farben aufgelegt. (Ausnahme: Soll aus dem Inneren eine Kontrastfarbe blitzen, muss diese zuallererst auf die Folie gebracht werden!) Das Filzen ist dann eine schnelle Angelegenheit.
- Stets müssen die Fingerspitzen entlang der Schablonenkontur reiben, damit hier kein Wulst entsteht und die Form gehalten wird. Erst wenn die Schablone sich im Inneren zu wölben beginnt oder an den Ecken herauspiekst, kann diese durch einen passend positionierten Einschnitt entfernt werden.

Arbeitsablauf

- Siehe Anleitung (Seite 63).

Tipp

- Wie die Abbildungen auf dem Arbeitsblatt zeigen, kann die Spitztüte durch die Variation des Schnittmusters, der Kantengestaltung und der Aufhängung in einen Puppenhut, einen Eierwärmer, ein Utensilo für Stifte und Schlüssel oder ein Körbchen verwandelt werden.
- Wenn im Rand ein Aludraht als Aufhängung angebracht wird, dient sie gefüllt mit Ostergras als Osternest, mit Seidenpapier als Adventskalendertüte.

Anleitung

Ich filze einen Hohlkörper ohne Naht!

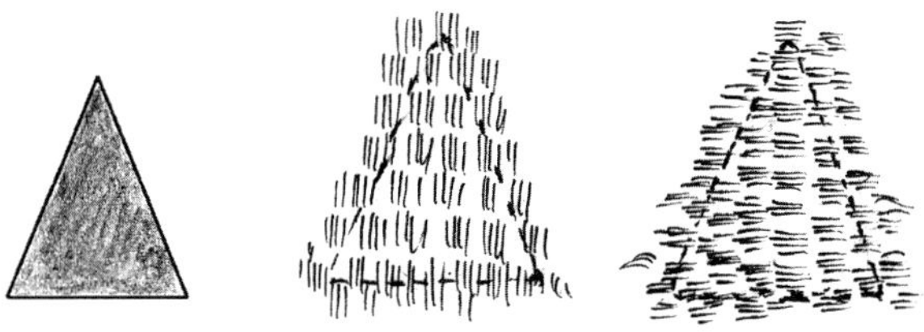

1. Lege die Schablone auf das angefeuchtete Schwammtuch.
2. Lege eine Faserschicht auf die Schablone. Lasse die Fasern über den Schablonenrand ragen.
3. Lege in der Gegenrichtung eine zweite Faserschicht auf.

4. Erspüre die Schablonenkanten und begieße nur den Schablonenbereich mit heißer Seifenlauge.
5. Lege die Fliegengaze auf und presse die feuchten Wollschichten mit reibenden Bewegungen vorsichtig aufeinander.
6. Entferne die Fliegengaze.

7. Drehe die Schablone mit der Wollschicht um. Nun ist die Schablonenrückseite sichtbar.
8. Klappe die trockenen Faserbüschel um den Rand zur Schablonenmitte.
9. Entdeckst du Lücken, bedecke sie mit Faserbüscheln.
10. Lege eine weitere Faserschicht auf, lasse wieder seitlich die Faserbüschel überstehen.

11. Begieße wieder nur den Schablonenbereich mit heißer Seifenlauge und filze ihn an.
12. Drehe die Schablone um, schlage die überstehenden Faserbüschel ein, filze sie an.
13. Dieses Belegen, Anfilzen und Wenden so lange wiederholen, bis eine gleichmäßig dicke Filzschicht mit ebener Oberfläche erreicht ist.

14. Dann legst du Farben auf und filzt sie ebenso an.
15. Wenn dir die Oberfläche gefällt, filzt du wie gewohnt die Vorderseite und die Rückseite. Denke immer daran, die Schablonenkante zu spüren und hier gut zu filzen.

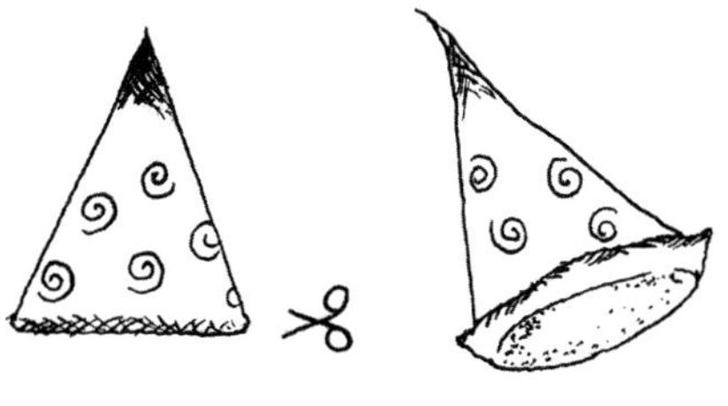

16. Wenn der Filz zu klein für die Schablone wird, schneide ihn geschickt ein und entferne die Schablone.
17. Filze das Innere, die Seiten und die Schnittkanten, bis es dir gefällt!

3.1 Faden-Mandala

Kompetenzen

- Gestaltung einer Stichschablone
- Nähen eines Kreismotivs mit regelmäßig wiederkehrenden Segmenten

Material und Vorbereitungstipps

- Lochschablone → auf bunten Kopierkarton kopiert
- Prickelset → Mini-Piekser, dicke Filzunterlage
- Locheisen Nr. 5 und Nr. 2
- Baumwollgarne → vorzugsweise mit Farbverlauf, so wirkt das Mandala auch ohne Farbwechsel bunt
- stumpfe Sticknadel
- Klebefilm im Abroller
- Kopiervorlage Lochschablone, Mandala-Entwürfe S. 66
- evtl. aus dem Vorgängerband Stationskarte Locheisen S. 43

Methodisch-didaktischer Kommentar

- Als Vorübung können die Schüler die vielfältigen Mustermöglichkeiten mit Buntstiftlinien auf der „Mandala-Entwürfe"-Kopie (siehe Seite 66) erproben.
- Kinder mit Wahrnehmungsproblemen sollten mit zwei weit auseinanderliegenden Lochkreisen starten und sich die Löcher mit unterschiedlichen Farben umranden, was ihnen als Orientierungshilfe beim Auffinden des richtigen Einstichlochs dienlich ist.
- Fadenanfänge und -enden werden nie verknotet, sondern rückseitig mit Klebefilm fixiert.

Arbeitsablauf

- Die Lochschablone sauber ausschneiden.
- Die Kreismitte mit dem Locheisen Nr. 5 lochen, je nach Bedarf auch die Ausbuchtungen am Kreisrand stanzen.
- Von den aufgedruckten Reihen mindestens drei Lochreihen des gleichen Symbols mit dem Prickelset perforieren bzw. per Locheisen Nr. 2 stanzen.
- Einen Faden in die stumpfe Nadel einfädeln, das Fadenende an der bedruckten Rückseite mit Klebefilm fixieren.
- Den Faden durch das Mittelloch führen.
- Vorzugsweise mit Strahlenstichen beginnen und immer von der Mitte kommend nacheinander in alle Löcher eines Kreisringes stechen.

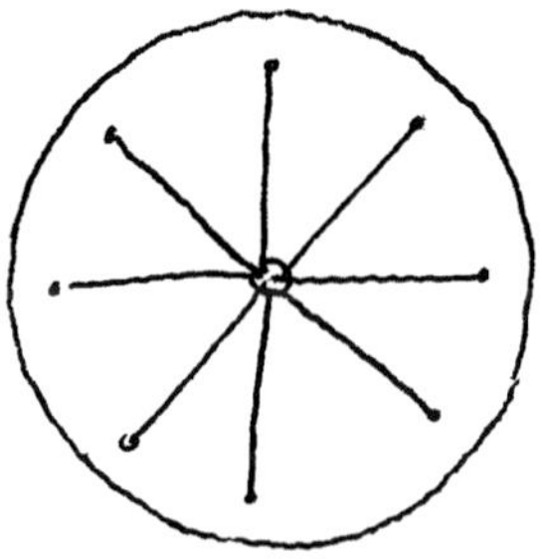

Arbeitsablauf (Fortsetzung)

- Gleichmäßige Muster (Rauten, Sternenspitzen, Bögen) entstehen, wenn in regelmäßiger Abfolge die entsprechenden Löcher mit Spannfäden verbunden werden.

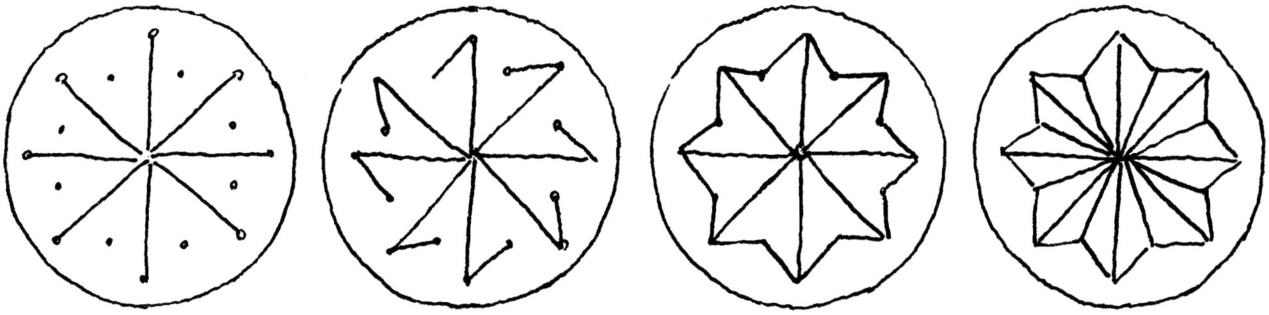

- Zwischendurch die Vollständigkeit des Musters auf der Oberseite kontrollieren und gegebenenfalls korrigieren.
- Das fertige Mandala auf einen Hintergrund kleben oder zu einem Gemeinschaftsbild arrangieren.

Tipp

- Weihnachtlich anmutende Sterne werden bei der Verwendung von Metallicfäden auf dunklem Hintergrund erzielt. Hierfür müssen sich die Schüler mithilfe der gelochten Schablone den Buntkarton selbst zuschneiden und mit Markierungspunkten versehen.
- Sollen die Mandalas frei im Raum oder am Fenster hängen, sollte die oft hässliche Rückseite mit einem zweiten Mandala oder einem Tonkartonzuschnitt verdeckt werden.

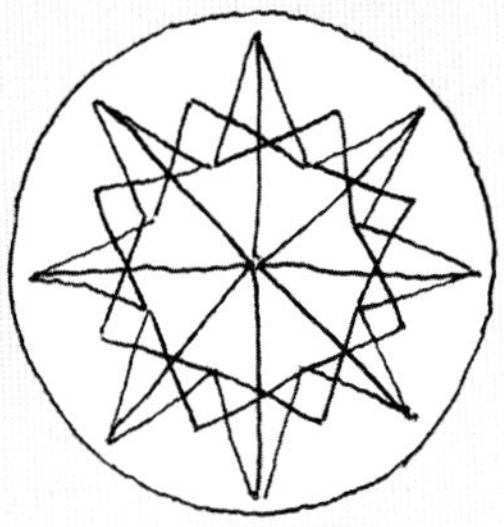

3.1 Faden-Mandala

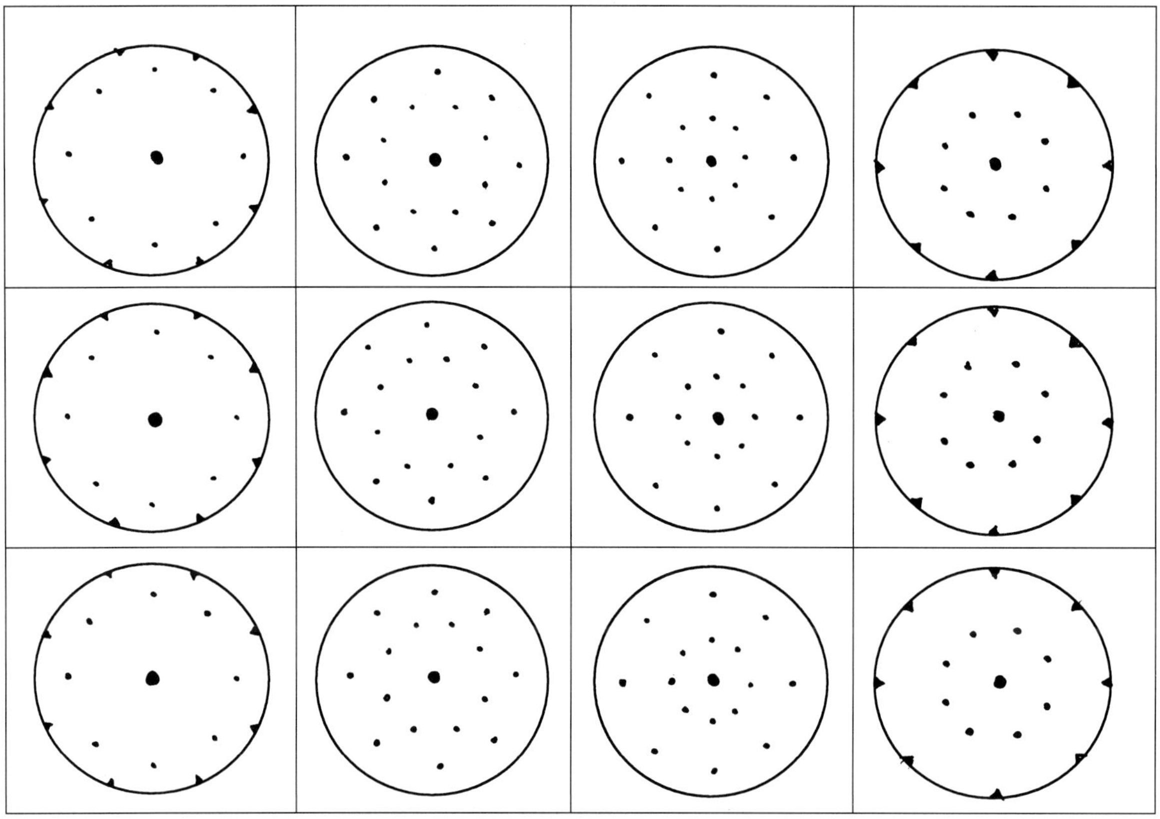

Mandala-Entwürfe (beliebig zu vergrößern)

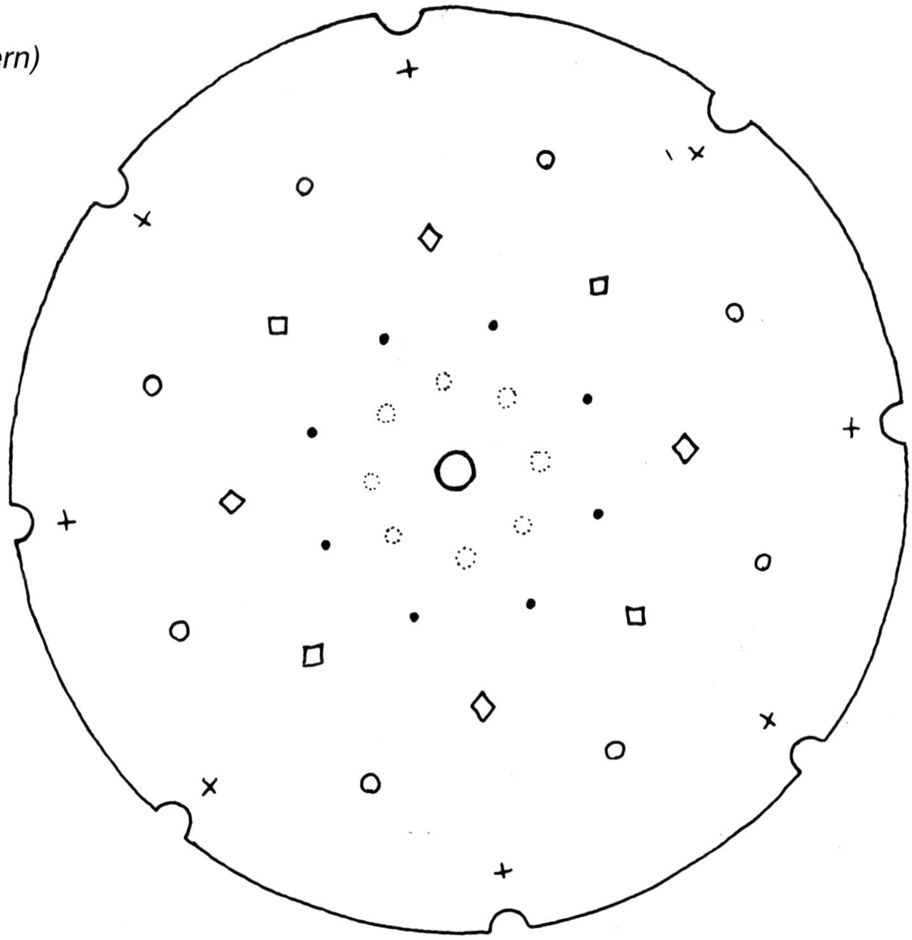

Lochschablone

3.2 Paket-Postkarte

Kompetenzen

- Spannen von Fäden auf einer Karte mit deckungsgleicher Gestaltung auf Ober- und Unterseite
- eigenständige Erarbeitung von Arbeitsschritten anhand einer Anleitung

Material und Vorbereitungstipps

- gefalzte Karte
- Markierungsschablone → aus 1,5 mm dicker Maschinengraupappe
- Prickelset
- 1 m rot-weißes Lachsschinkengarn → erhältlich im Fleischerei-Fachgeschäft
- Kreppklebeband → 100 cm langen Klebestreifen als Messhilfe zum Ablängen der Fäden anbringen
- stumpfe Sticknadel
- Kopiervorlagen Anleitung S. 68, Schablone S. 69

Methodisch-didaktischer Kommentar

- Nur das exakte Einhalten der Arbeitsschritte garantiert ein gleichmäßiges Fadenbild auf Vorder- und Rückseite der Karte. Deshalb sollte der Unterrichtende verschiedene Anleitungshilfen für die unterschiedlichen Lerntypen anbieten: Lesestarke Kinder nähen gemäß einer schriftlichen Anleitung; visuelle Lerner orientieren sich an der Bildfolge des Anleitungsblatts; das Ordnen eines Phasenmodells unterstützt die, die den Unterrichtsgegenstand eher durch Anfassen „begreifen".
- Überforderte Kinder dürfen so nähen, dass nur auf der Vorderseite eine Paketzeichnung entsteht, die unansehnliche Rückseite wird später durch Hinterkleben verdeckt.

Arbeitsablauf

- Mithilfe der Schablone 8 Punkte auf der Vorderseite der Klappkarte markieren. Das Garn einfädeln.
- Mit dem Nähen bei ① beginnen, dabei von vorne einstechen und ca. 10 cm Garn lose hängen lassen.
- Im Uhrzeigersinn umnähen und wieder bei ① herauskommen.
- Auf der Rückseite über die ganze Länge zu ⑤ nähen; auf der Vorderseite zurück zu ① nähen.
- Gegen den Uhrzeigersinn über die Lücken bis ③ nähen.
- Auf der Rückseite über die ganze Breite zu ⑦ und auf der Vorderseite zurück zu ③ nähen, dabei den Querfaden umschlingen.
- Nach ② mit dem Anfang verknoten, eine Schleife binden und diese gegebenenfalls verzieren.

Tipp

- Es kann auch ein farbiges Kartonstück als Paket, ein wenig kleiner als die Markierungsschablone, eingelegt und umnäht werden.
- Variationen entstehen, wenn statt des Lachsschinkengarns Satinbänder, Bast oder Goldkordeln verarbeitet, wenn die Paketausmaße verändert oder wenn in den Knoten Schleifen, Drähte, Perlenschnüre etc. eingebunden werden.

3.2 Paket-Postkarte

Kopiervorlage

Anleitung

1.
Markiere mit der Schablone 8 Punkte auf der Vorderseite der geöffneten Klappkarte und prickle sie.

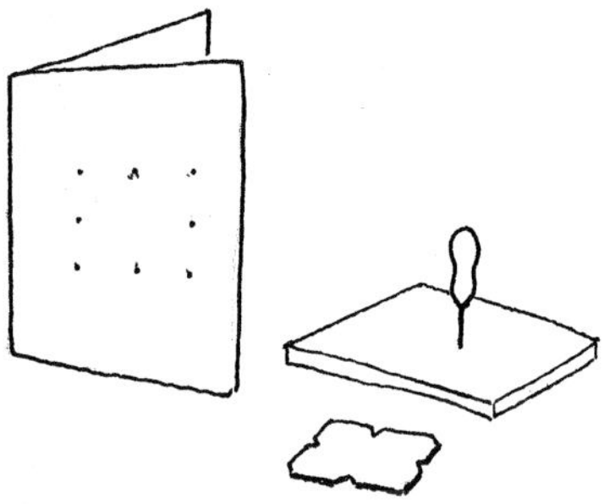

2.
In der Anleitung heißen die Punkte auf der Vorderseite ① bis ⑧, auf der Rückseite ❶ bis ❽.

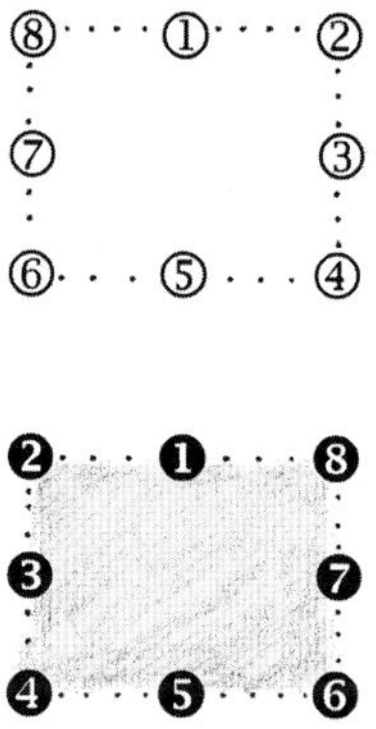

3.
Fädele das Schmuckgarn ein. Mache keinen Knoten!

4.
Stich von vorne in die ① ein. Lasse dabei ungefähr 10 cm Garn lose hängen.

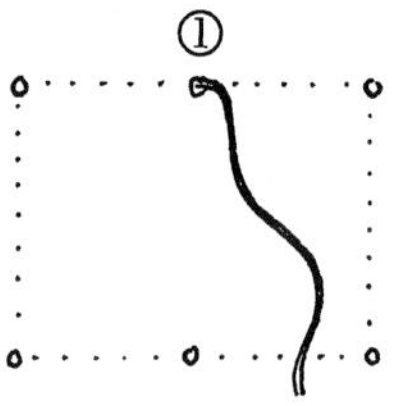

5.
Nähe im Uhrzeigersinn um das Paket herum, bis du wieder bei ① hineinstichst.

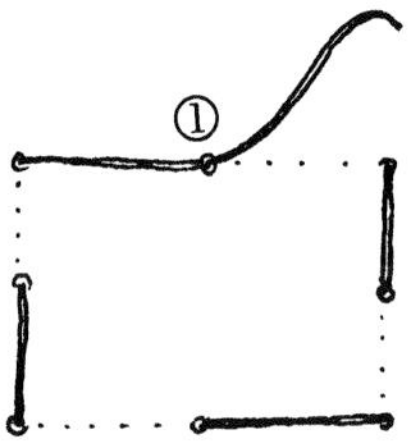

6.
Auf der Rückseite stichst du von der ❶ zur ❺ und auf der Vorderseite zur ①.

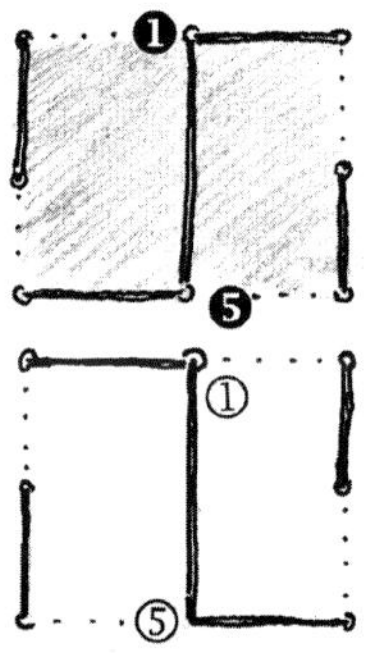

7.
Gegen den Uhrzeigersinn nähst du bis zur ③.

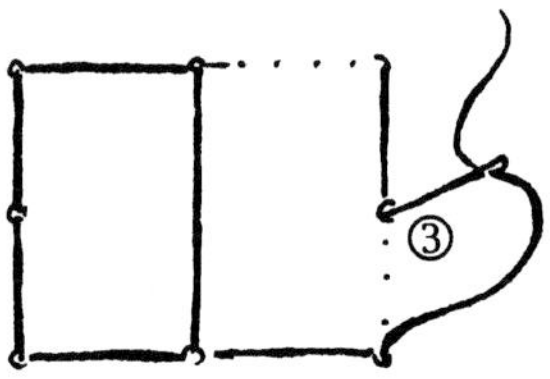

8.
Auf der Rückseite nähst du von der ❸ zur ❼ und auf der Vorderseite von der ⑦ zur ③ zurück. Umschlinge dabei jeweils den Querfaden.

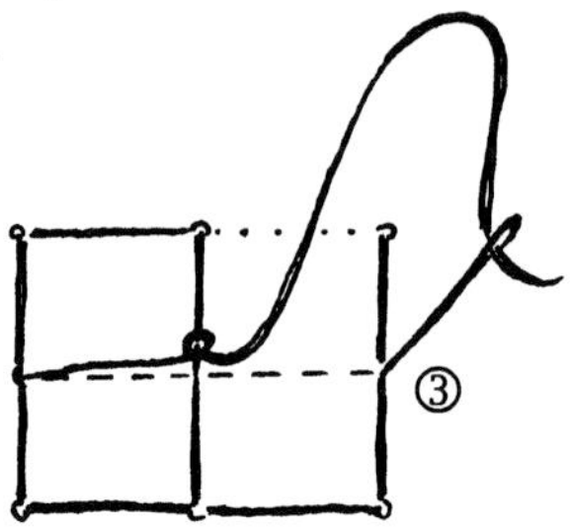

9.
Nähe von der ❸ zur ❷. Verknote Anfangs- und Endfaden. Binde eine Schleife und, wenn du magst, verziere sie.

Schablone

3.3 Kumihimo

Kompetenzen

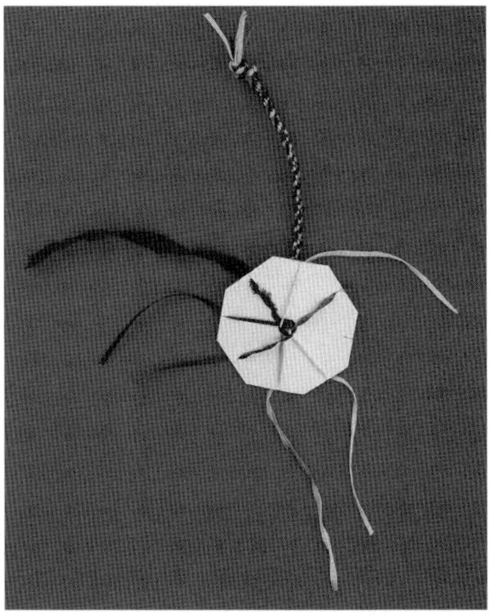

- Herstellen eines Kumihimo-Flechtgeräts aus Karton
- Gewinnung einer runden Schnur durch Umpositionieren der Fäden nach festgelegtem Rhythmus
- harmonische Koordinierung von passiver Haltehand und aktiver Bewegungshand

Material und Vorbereitungstipps

- Graupappe, 1,5 mm bzw. 2 mm stark → zuschneiden auf 8 cm x 8 cm
- Locheisen Nr. 8
- Strick- und Häkelgarne in robuster Qualität → 4 mm breite Satinbänder und -kordeln als Edelvariante
- Kreppklebeband → 60 cm langen Klebestreifen als Messhilfe zum Ablängen der Fäden anbringen
- Kopiervorlage Schablone S. 72
- Stationskarte Kumihimo S. 29
- evtl. aus dem Vorgängerband Stationskarte Locheisen S. 43

Methodisch-didaktischer Kommentar

- Kumihimo bedeutet im Japanischen so viel wie „Zusammenfassen von Fäden" und bezeichnet hier Flechtarbeiten im Allgemeinen. In dem Arbeitsbuch von Rodrick Owen „Geflochtene Kordeln und Tressen" (Haupt Verlag, 1995) lässt sich nachlesen, wie tief verwurzelt diese Technik in vielen Kulturen ist und wie vielfältig die Musterungen und die Verwendungszwecke sind.
- Um den Nachbau dieses einfachen Flechtgeräts, das eine Mini-Version des klassischen Flechtstuhls „Maru Dai" darstellt, schneller nachvollziehen zu können, bietet sich hier die Herstellung eines Phasenmodells an:

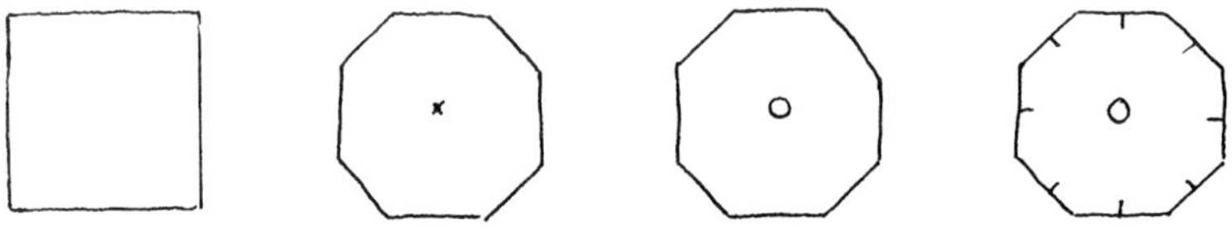

- Damit die Arbeitsfäden besser festklemmen, die Schnitte nicht mit der Scherenspitze, sondern mit der inneren Schneidefläche der Schere ausführen.
- Das Material springt durch die Bearbeitung ungefähr 50 % ein, also immer eine doppelte Fadenlänge berücksichtigen.
- Als Rechtshänder ist nur die rechte Hand aktiv, die linke hält unter der Pappe den Knoten bzw. das entstandene Geflecht. Sie sorgt für gespannte Fäden sowie einen gleichmäßigen Zug. Linkshänder arbeiten entsprechend seitenverkehrt. Wenn sich die Arbeitsfäden zu stark verknoten, diese mit kämmenden Fingerbewegungen entwirren.
- Wer dieses Thema bei einem entsprechenden Etat vertiefen möchte, sollte die im Fachhandel erhältlichen „Mobidais" anschaffen: Die dicken Moosgummischeiben mit den passenden Faden-Positions-Schablonen erlauben unzählige Mustermöglichkeiten.
- Das Flechten verlangt eine konzentrierte Arbeit und hat eine beruhigende Wirkung. Kinder erleben dabei oft ein Gefühl glücklicher Befriedigung: beim Auswählen der Materialien, beim Erfühlen der Fadenstrukturen, beim Miterleben des langsamen Wachsens, beim Aufspüren der sich entwickelnden individuellen Farbigkeit, beim Betasten und Betrachten des fertigen Ornaments.

3.3 Kumihimo

Arbeitsablauf

- Mithilfe der Kartonschablone die Umrisse des Achtecks anzeichnen und ausschneiden.
- Mit dem Locheisen Nr. 8 das Mittelloch stanzen.
- Einschneiden der Einkerbung (ca. 5 mm) in die Mitte jeder Achteckseite.
- Ablängen von 7 verschiedenfarbigen, ungefähr gleich dicken Fäden.
- Herstellung der Schnur, siehe Stationskarte „Kumihimo“ (Seite 29).

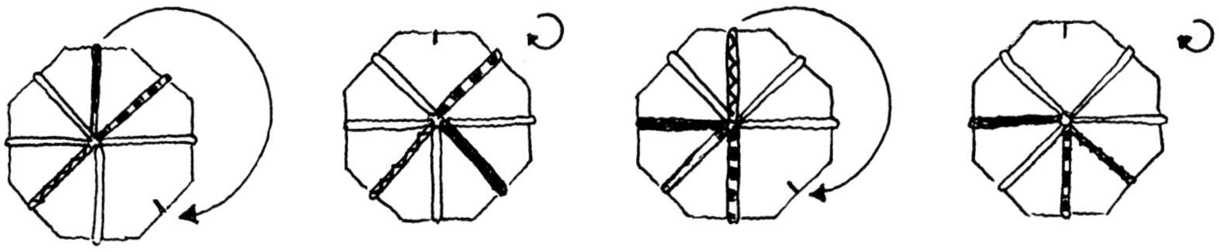

Tipp

- Je nach Stärke, Länge und Abschluss können die wunderschön bunten Schnüre als Armband, als Fanschmuck, als Erkennungsschnur am Reißverschluss, als Tragekordel bei Taschen oder als Schlüsselanhänger fungieren.
- Verschiedene Abschlüsse sind möglich:

a. Wie am Anfang ein Überhandknoten am Ende.

b. Die Fäden werden in zwei ungefähr gleich große Fadengruppen geteilt und mit einem halben Schlag zugebunden. Eine passende Holzperle über die Fadenenden ziehen und mit einem Leimtropfen fixieren.

c. Zu Beginn eine Schlaufe für den Schlüsselring arbeiten. Dazu vier 50 cm lange Fäden ablängen. Drei Fäden parallel hinlegen. Mit dem vierten Faden von der Mitte ausgehend das Fadenbündel umwickeln (s. Abb.c), bis der Faden die Länge der anderen Fäden erreicht hat. Die Schnur falten, das umknüpfte Ende unter das Kumihimo-Loch legen, zur Sicherheit ein kurzes Rundholz einlegen und mit den verbleibenden 7 Fäden wie gewohnt arbeiten.

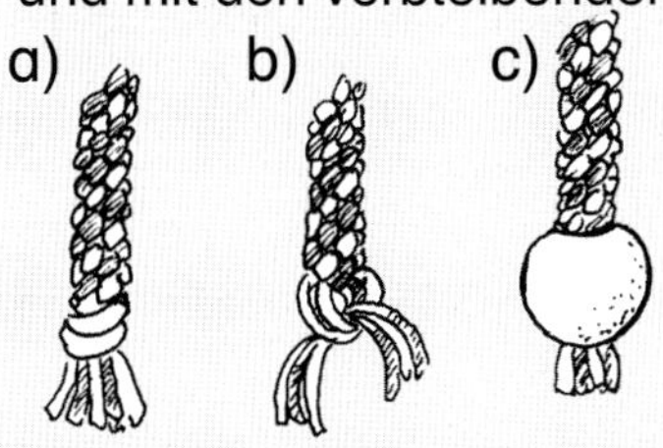

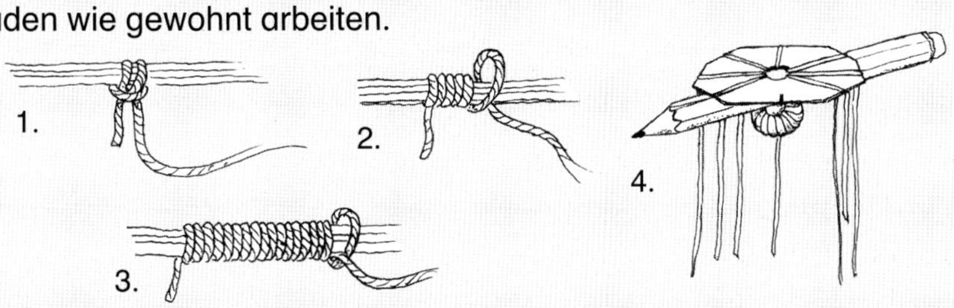

- Das Herstellen eines regelmäßigen Flechtmusters basiert auf mathematischen Regeln, denn nur wenn ständig wiederholend alle Fäden nach einer festgelegten Schrittfolge bewegt werden, befinden sich die Fäden wieder in der Ausgangsposition und ergeben so ein geordnetes Arrangement. Weiten Sie das Flechten zu einem Mathematik-Projekt aus! Auch wenn das einfache Gerät Einschränkungen auferlegt, können die Schüler kleine Dinge verändern, z. B. die Flechtrichtung, nur einen einzigen andersfarbigen Faden benutzen, Farbplätze wechseln oder zusätzliche Schrittfolgen einbauen. Wie kleine Forscher planen sie die Variationen, sagen die Wirkung voraus, vergleichen das Produkt mit der Vermutung, formulieren neue Flechtregeln und erkennen Zusammenhänge zwischen der Länge der Startfäden und der des Endprodukts.

Schablone

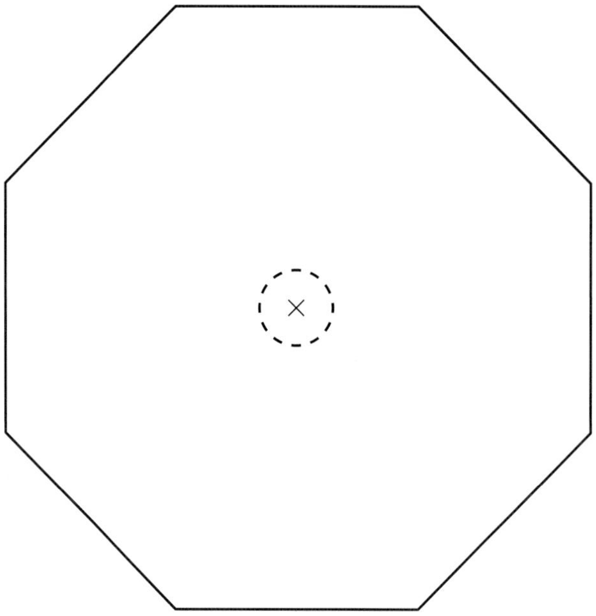

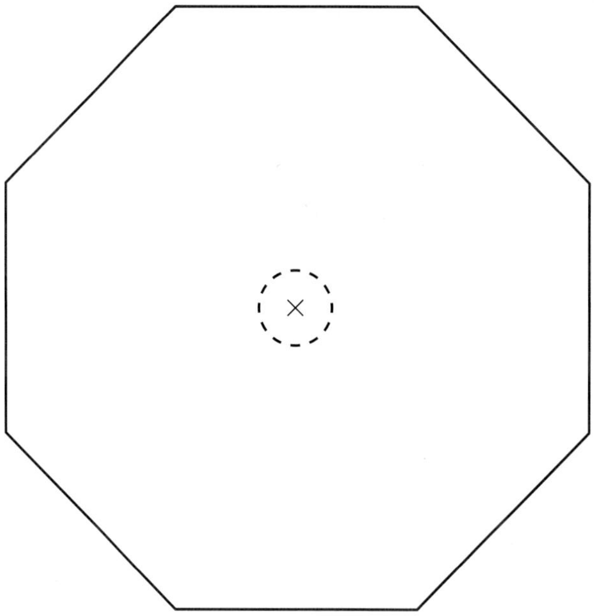

3.4 Pomponmarionette

Kompetenzen

- geschicktes Zuschneiden von endlos langen Stoffstreifen aus Alttextilien
- Berechnen von Zuschnittmaßen
- gleichmäßiges Bewickeln der Pomponscheiben mit dehnbarem Material
- Verbinden der Körperteile durch angeknotete Kordeln

Material und Vorbereitungstipps

- alte T-Shirts → wegen der größeren Flächen finden vorzugsweise die Vorder- und Rückenteile Verwendung
- Pomponset → pro Schüler müssen 4 Kunststoffteile einer Farbe vorliegen, hier die Durchmesser 9 cm sowie 6 cm
- Strick- und Häkelgarne → zum genauen Ablängen eine 180-cm-Markierung anbringen
- reißfestes Baumwollgarn → zum Abbinden des Pompons, zum Nähen, als Führungsfäden
- Kartonschablonen, 15 cm und 30 cm lang → als Ablänghilfe für Hals- und Beinlänge
- Puppennadel
- Filzreste → für Schnabel, Füße und Schwanz
- 2 Ein- bzw. Zweicentstücke → zum Beschweren der Marionettenfüße
- Holzleim
- evtl. Perlen und Federn
- Kopiervorlagen Rechenhilfe für das Kordeldrehen S. 75, Fußschablone S. 76
- evtl. aus dem Vorgängerband Stationskarten Kordeldrehen S. 26, Pompon S. 35

Methodisch-didaktischer Kommentar

- Damit man die Schere beim Zuschneiden nicht ständig wenden muss, sollten unabhängig vom Maschenverlauf die Parallelschnitte möglichst lang ausfallen. Schwankungen in der Streifenbreite und neue Fadenansätze fallen später nicht auf.
- Wer über ausreichend Garnreste verfügt, kann die Marionette auch aus klassischen Pompons herstellen.
- Das Arbeitsblatt „Rechenhilfe für das Kordeldrehen" soll den Schülern verdeutlichen, welch unerwarteter Längenverbrauch sich durch Kordeln und Verknoten ergibt. Bei dem Berechnen der Arbeitsfäden wenden sie die Additions- und Multiplikationskenntnisse der Jahrgangsstufe 2 praktisch an. Gleichzeitig sollen sie erkennen, welches Maß sich ändert, wenn sie das Lehrermodell variieren wollen, damit der Faden reicht bzw. nicht unnötig abgeschnitten wird.
- Den Pompon nach dem Aufschneiden zu zweit fest abbinden und mehrmals verknoten.
- Wenn der Pompon sehr fest gewickelt wurde, ist das Einknoten und Einnähen in der Trikotware problematisch. In dem Fall hilft nur die Heißklebepistole.

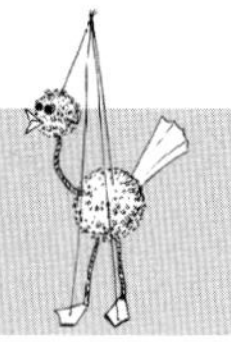

3.4 Pomponmarionette

Arbeitsablauf

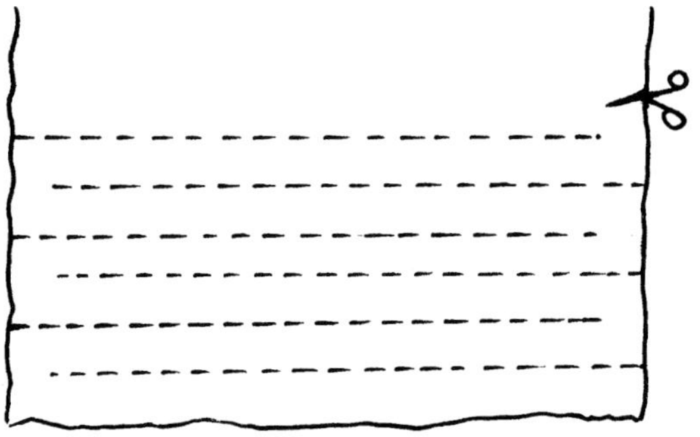

- Die T-Shirt-Vorder- und Rückteile herausschneiden. Dicke Nähte abschneiden.
- Mit einer Schere ungefähr 1 cm breite Streifen in Mäandertechnik schneiden.
- Aus bunten, gemusterten Stoffstreifen einen großen Körper-Pompon herstellen.
- Aus einfarbigen Stoffstreifen einen kleinen Kopf-Pompon herstellen.
- Für Hals und Beine aus mindestens 4 Fäden eine dicke Kordel drehen.
- Die fertige Kordel durch Schneiden und Abknoten der Enden zerteilen: 15 cm Kordel für den Hals, 30 cm Kordel für das Beinpaar.
- Mithilfe der Pompon-Bindefäden die beiden Enden der Halskordel an Kopf und Bauch verknoten. So festziehen, dass die Kordelknoten unsichtbar im Pompon verschwinden.
- Einen 20 cm langen Baumwollfaden einfädeln und das Ende verknoten.
- Die Beinkordel mittig falten. Im Knick das Beinpaar mit mehreren Stichen quer durch den Pompon an der Bauchunterseite festnähen.

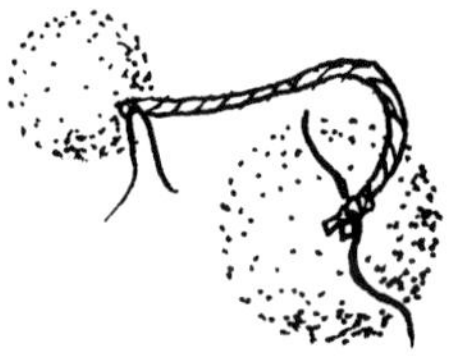

- Mithilfe der Schablone zwei Füße aus Filz ausschneiden, mittig falzen und den Fußknoten in das Einschnittloch stecken. Vor dem Zusammenkleben mit Leim ein Geldstück einlegen.
- Baumwollfäden zum Führen der Puppe in den Kopf, den Bauch und die Fußspitzen einnähen. Ein Knoten verhindert ein späteres Herausrutschen.
- Alle 4 Führungsfäden auf gewünschter Höhe mit einem Überhandknoten zusammennehmen.
- Nach Belieben Schnabel, Augen und Schwanz gestalten.

Tipp

- Mit etwas Fantasie wird durch die Veränderung von Kordellängen und eine Variation der Körperteile ein ganz anderes Tier entstehen können!
- Geschickte Schüler bauen im Werkunterricht ein Fadenkreuz aus Holzleisten.

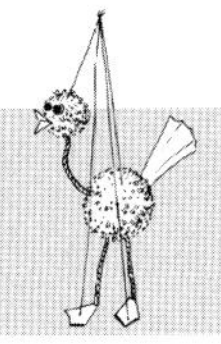

3.4 Pomponmarionette

Kopiervorlage

Rechenzettel für das Kordeldrehen

Dein Garn muss dreimal so lang sein wie deine gewünschte Kordellänge!

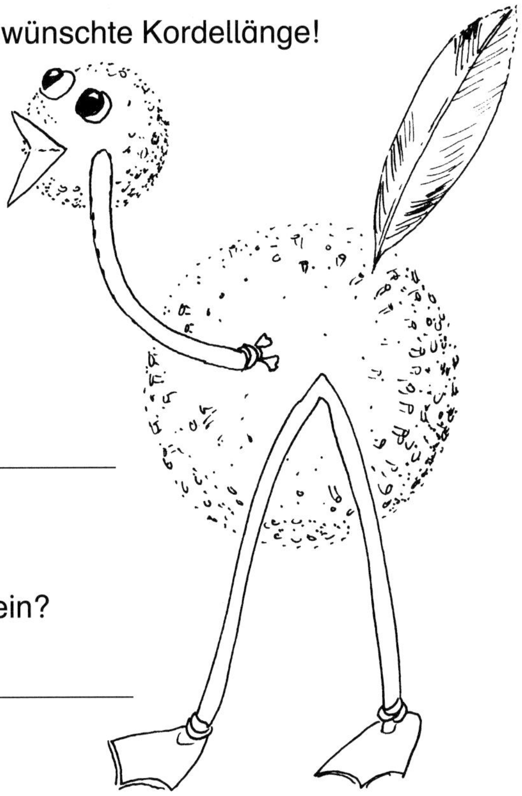

Halslänge der Marionette:	15 cm
Beinlänge der Marionette:	15 cm
Verbrauch pro Knoten:	5 cm

Wie viel Kordellänge verbrauchst du?

____

Wie lang müssen die Fäden für die Kordel dann sein?

____

Was ändert sich, wenn der Hals 6 cm und ein Bein 8 cm lang sein soll?

Berechnung des Kordelverbrauchs:

____

Berechnung der Fadenlänge:

____

Wie soll deine Marionette aussehen?

Hals-
länge: .... cm

Bein-
länge: .... cm

Berechnung des Kordelverbrauchs:

____

Berechnung der Fadenlänge:

____

Fußschablone

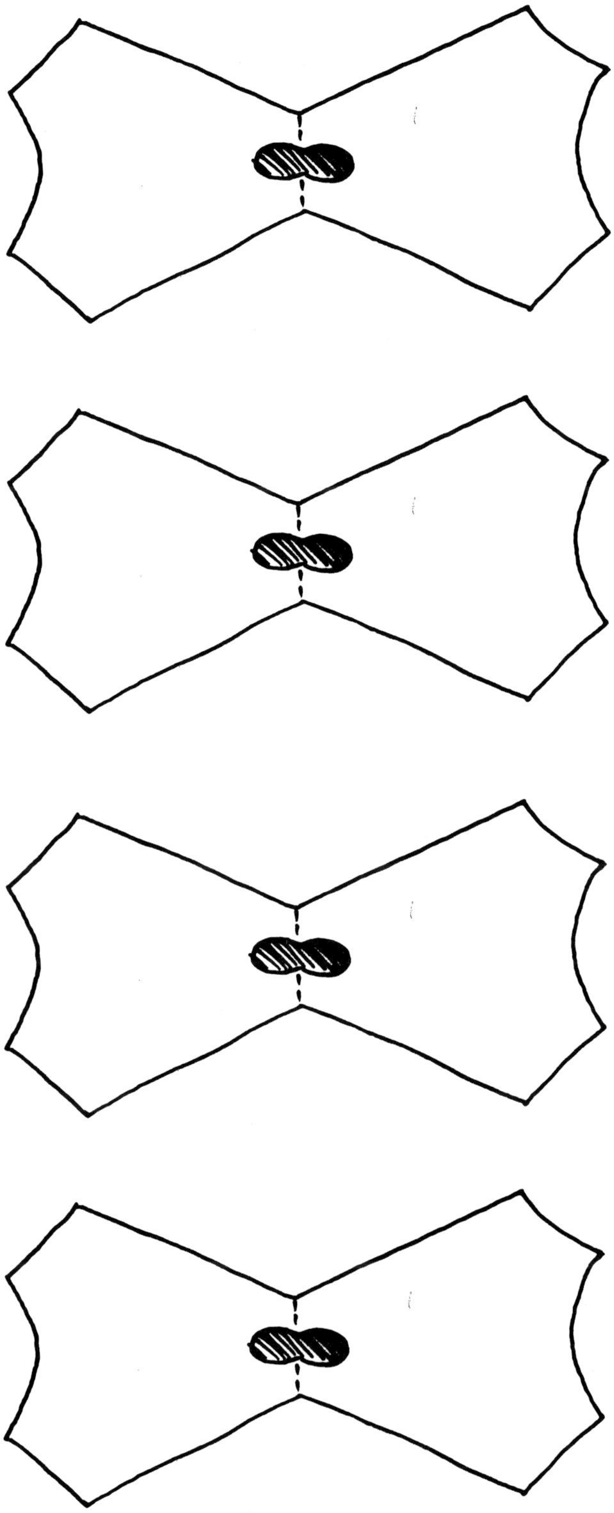

3.5 Fotobox

Kompetenzen

- Gestaltung eines Webmotivs auf Karton
- Falzen einer Schachtel mit Stülpdeckel

Material und Vorbereitungstipps

- Buntkartonzuschnitte → Deckel: 219 mm x 172 mm, Boden: 216 mm x 169 mm
- Maschinengraupappe, 2 mm stark → Falzschablonen in 25 mm Breite zuschneiden
- Klebestift
- weiche Unterlage → für das Prickeln der Kettfadenlöcher
- Stopfnadel und Grobstichnadel mit abgerundeter Spitze (15 cm)
- Strick- und Häkelgarne
- Stationskarte Falzen S. 33, Kopiervorlage Schablone S. 78
- evtl. aus dem Vorgängerband Stationskarte Stopfweben S. 33

Methodisch-didaktischer Kommentar

- Bevor die Schachtelböden und -deckel an der Papierschneidemaschine in Serie zugeschnitten werden, sollten die exakten Maße mit einer Probefaltung überprüft werden.
- Als Webmotiv sind alle einfachen symmetrischen Silhouetten geeignet. Die Einstichlöcher in der Kontur ergeben sich durch das Zeichnen von Parallellinien im Abstand von ca. 4 mm.
- Die Technik des Stopfwebens sollte bekannt sein. Da der Karton leicht einreißt, darf der Schussfaden nie stramm angezogen werden. Damit runde Außenkonturen entstehen, besteht die Webekante aus rund gebogenen Wendeschlaufen.

Arbeitsablauf

- Den Kastendeckel falzen (siehe Stationskarte „Falzen", Seite 33).
- Eine Schablone für das Webmotiv auswählen, grob ausschneiden und an wenigen Klebepunkten auf die Deckelrückseite kleben.
- Die Einstichpunkte auf der Kontur mit der Stopfnadel und einer weichen Unterlage perforieren.
- Die Motivschablone wieder entfernen.
- Ein Baumwollgarn einfädeln und auf der Kartonrückseite 8 cm hängen lassen.
- Auf der Vorderseite parallele Kettfäden spannen.
- Das Fadenende rückseitig mit dem Fadenanfang verknoten.
- Mit der Grobstichnadel die Schussfäden einweben. Mithilfe des Fadenanzugs, durch das Setzen von Lücken und beliebig positionierten Fadenwechseln wird die Fläche gestaltet.
- Die Box fertigstellen (siehe Stationskarte „Falzen").

Tipp

- Das Thema der Fotosammlung wird auf einen Papierstreifen notiert, der mit eingewebt wird.
- Die Maße der Fotobox sind so berechnet, dass auch Briefumschläge im C6-Format hineinpassen.
- Das Webmotiv könnte auch eine Grußkarte zieren.

Schablone

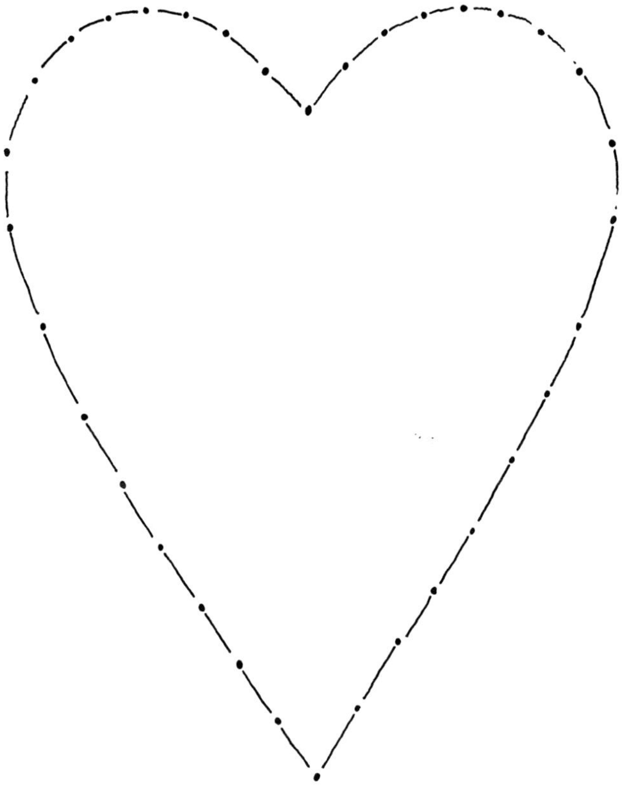

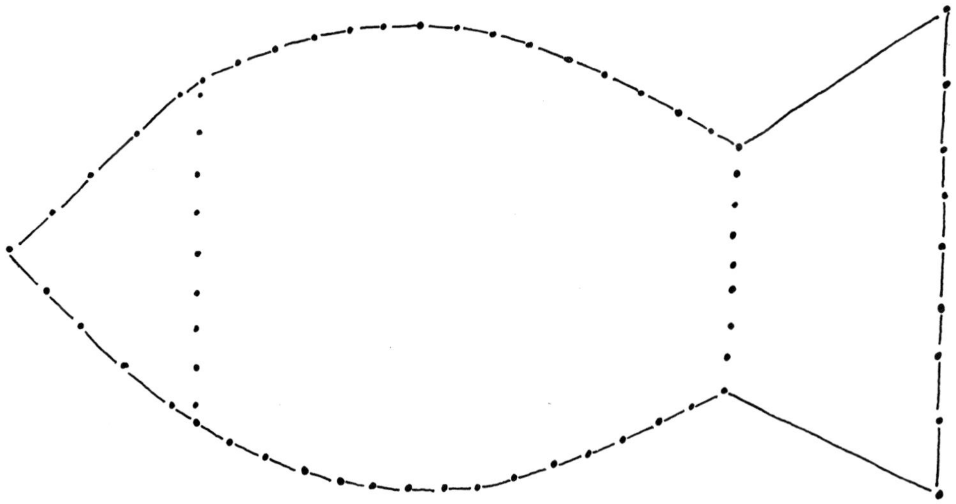

3.6 Web-Näh-Etui

Kompetenzen

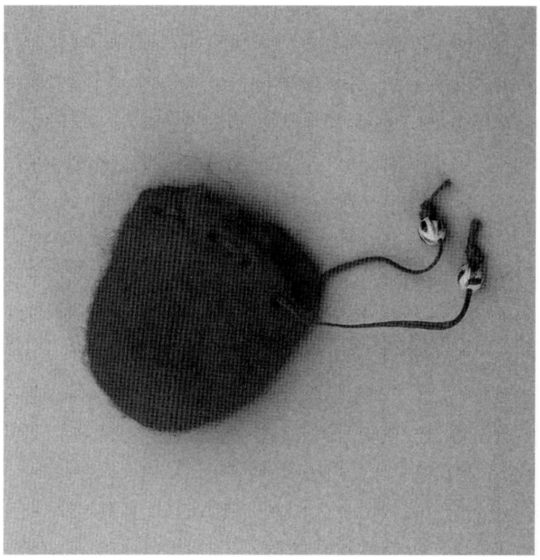

- Maßnehmen am Objekt
- Schnittmusterentwicklung einer dafür passenden Hülle
- Stopfweben als Technik der Nahverbindung und Stoffherstellung

Material und Vorbereitungstipps

- Teppich-Stramin, 4 Löcher auf 2,5 cm → Wahre Schätze sind oft in den Textilraum-Schränken verborgen, aus der Zeit, als das Teppichknüpfen noch auf dem Lehrplan stand!
- alte T-Shirts
- Grobstichnadel mit abgerundeter Spitze, 15 cm
- Stationskarte Festonstich S. 31
- evtl. aus dem Vorgängerband Stationskarte Stopfweben S. 33

Methodisch-didaktischer Kommentar

- Altersgemäß bietet sich hier die Produktion von Etuis für Stifte, Nähutensilien, Sammelkarten oder die Blockflöte an.
- Die Gewebestreifen werden beim Hindurchziehen durch den Stramin stark strapaziert und dehnen sich extrem; sind sie zu dünn, wird der „Faden“ einfach doppelt genommen.
- Eine Verbindung zwischen Vorder- und Rückseite geschieht durch das Weben in einem leicht versetzten Ring. Um eine geschlossene Seitennaht zu erhalten, sollten die Fadenwechsel nie im Randbereich stattfinden.
- Durch das Nachweben von bereits gefüllten Reihen können die Farben nachträglich neu gemischt werden, das Gewebe und insbesondere die Kanten werden zusätzlich gesichert.

Arbeitsablauf

- Ein Schnittmuster aus Papier entwickeln.
- Die Schnittmusterumrisse auf Stramin nachzeichnen.
- Den Stramin fadengerade zuschneiden.
- Lange, ca. 2 cm breite T-Shirt-Streifen nach dem Mäanderprinzip zuschneiden (siehe „Pomponmarionette“, Seite 73), möglichst im rechten Winkel zum Maschenlauf.
- Den Trikotstreifen in die Grobstichnadel einfädeln und nach dem Stopfwebverfahren durch die erste Gewebereihe weben.
- Bei Taschenklappen mit der Nadel über die Kante zur zweiten Reihe springen und diese im versetzten Muster durchweben.

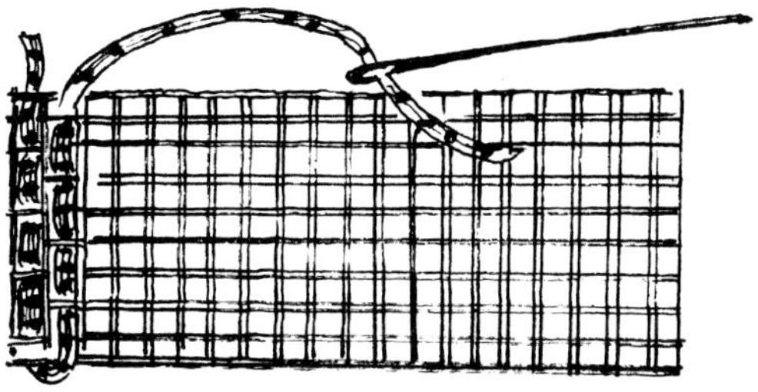

Arbeitsablauf (Fortsetzung)

- Zur Verbindung von Taschenvorder- und -rückteil springt der Faden am Reihenende der Taschenklappe über die seitliche Taschenkante auf die hochgefaltete Vorderseite und wird dort weiter verwebt. Am Ende der Reihe springt der Faden erneut über die seitliche Taschenkante und das Stopfweben wird um ein Fach auf der Taschenrückseite (= Verlängerung der Taschenklappe) versetzt fortgeführt.

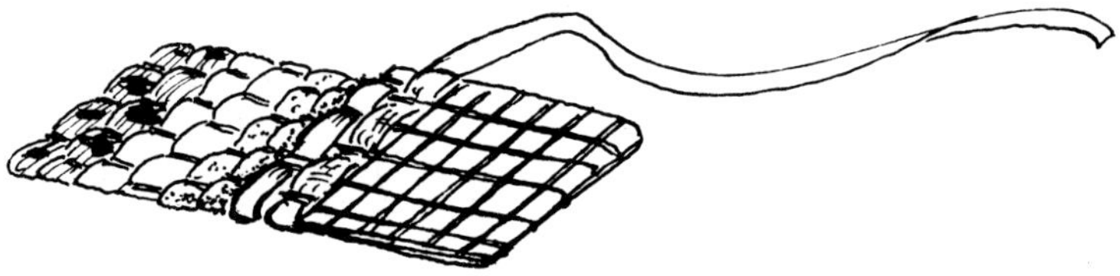

- Bei verbrauchtem Faden einen neuen einfädeln. Wenn der Stramin noch transparent erscheint, einfach die entsprechenden Reihen mit der gewünschten Farbe nachweben.
- Alle sichtbaren Kanten per Festonstich mit einem farblich ansprechenden Stoffstreifen umnähen.
- Nach Wunsch einen Verschluss anbringen bzw. einen Tragegriff (z. B. eine Kumihimo-Kordel) annähen.

Tipp

- Als Verschluss wird in die Taschenklappe ein T-Shirt-Streifen mit Schlingen eingeknotet. An das Taschenvorderteil werden entsprechend große Knöpfe angenäht.

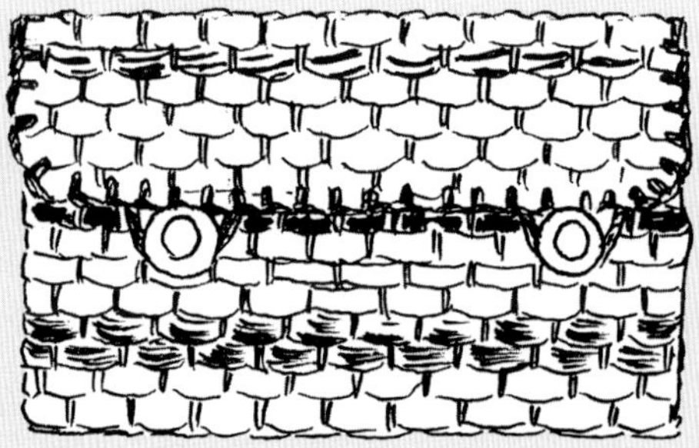

- Leichter kann ein Faden aus gerissenen Stoffen gewonnen werden, die Oberfläche ist aber weniger weich und deutlich fusseliger.

4.1 Schwammtier

Kompetenzen

- Schnittentwicklung
- Aufzeichnen und genaues Zuschneiden der Formen
- Vorstich als flächenverbindende Naht
- Oberflächengestaltung durch aufgeleimte Applikationen

Material und Vorbereitungstipps

- Allzweck-Schwammtücher in verschiedenen Farben → große Tücher sind im Großhandel als Abtropfunterlagen erhältlich
- Wackelaugen in verschiedenen Größen
- wasserfester Holzleim
- non-permanent Folienstift, fein
- Stopfnadel
- Perlgarn
- Graupappe für Schablonen
- Holzplatten → zum Pressen
- Kopiervorlagen Anleitung S. 82, Schnittmuster S. 83
- evtl. aus dem Vorgängerband Stationskarte Vorstich mit Vernähen S. 38

Methodisch-didaktischer Kommentar

- Je nach Lerngruppe kann der Schwierigkeitsgrad dieser Werkaufgabe reduziert werden, indem Schnittmuster vorgegeben werden bzw. auf das Nähen verzichtet wird.
- Wenn das Material knapp wird, können die Zwischenteile in einigen Bereichen (gepunktete Linie) ruhig kleiner ausfallen.
- Beim Pressen der Teile keine Klemmen verwenden, da das schaumige Material sich oft nicht mehr von den Druckstellen erholt. Die fabrikneuen Schwammtücher sind mit einer Säure getränkt und sollten deshalb zur Vermeidung von Flecken nicht auf empfindliche Holzoberflächen wie z. B. die Buchenarbeitsplatten von Werktischen gelegt werden.
- Bei der Verwendung eines wasserlöslichen Filzstifts werden eventuelle unschöne Markierungslinien beim ersten Waschen verschwinden.

Arbeitsablauf

- Siehe Kopiervorlage „Anleitung" (Seite 82).

Tipp

- Solange die Kindersendung „Sponge Bob" aktuell ist, bietet sich das Nähen dieser Kultfigur an.
- Dieses Schwammtier ist ein praktisches Spielgerät für den Sommer: am Strand, im Freibad und bei allen nassen Spielfesten!
- Reste können als Moosgummiersatz beim Stempeldruck verwendet werden.

4.1 Schwammtier

Kopiervorlage

Anleitung

Ich nähe ein Schwammtier

1. Überlege dir, mit welchem Tier du gerne baden möchtest!
2. Entwickle für dieses Tier ein Schnittmuster wie ein Sandwich: eine Schablone für den Bauch, eine für den Rücken und eine für die Zwischenlage mit Kopf, Beinen oder Flossen.
3. Schneide deine Teile aus Papier aus.
4. Klebe sie auf Karton und schneide sie aus.
5. Lege die Schablonen platzsparend auf das Schwammtuch.
6. Umrande die Schablonen mit einem feinen Filzstift.
7. Schneide die Teile aus.
8. Wenn du magst, nähst du auf die Außenteile Verzierungen auf.
9. Lege alle Teile wie gewünscht übereinander. Wenn dein Tier dicker werden soll, lege noch zusätzlich einen kleinen Schwammtuchrest dazwischen.
10. Klebe die Teile mit wasserfestem Leim in der richtigen Reihenfolge und Lage aufeinander. Presse dein Tier zwischen Holzplatten.
11. Wenn das Tier haltbarer sein soll, klebe die Teile nur in der Mitte und nähe sie an der Außenkante mit gleichmäßigen Vorstichen zusammen.
12. Klebe eventuell Wackelaugen auf.

Viel Spaß beim gemeinsamen Ausflug in die Badewanne!

Schnittmuster
(auf 200 % vergrößern)

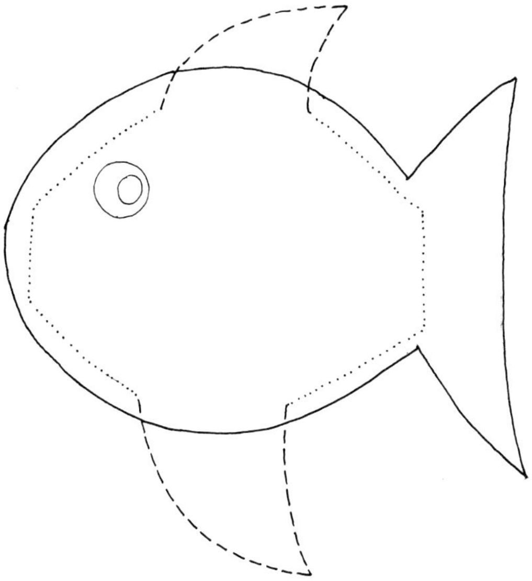

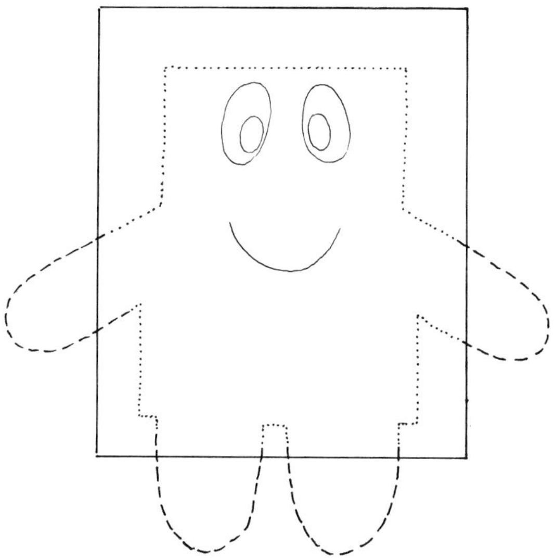

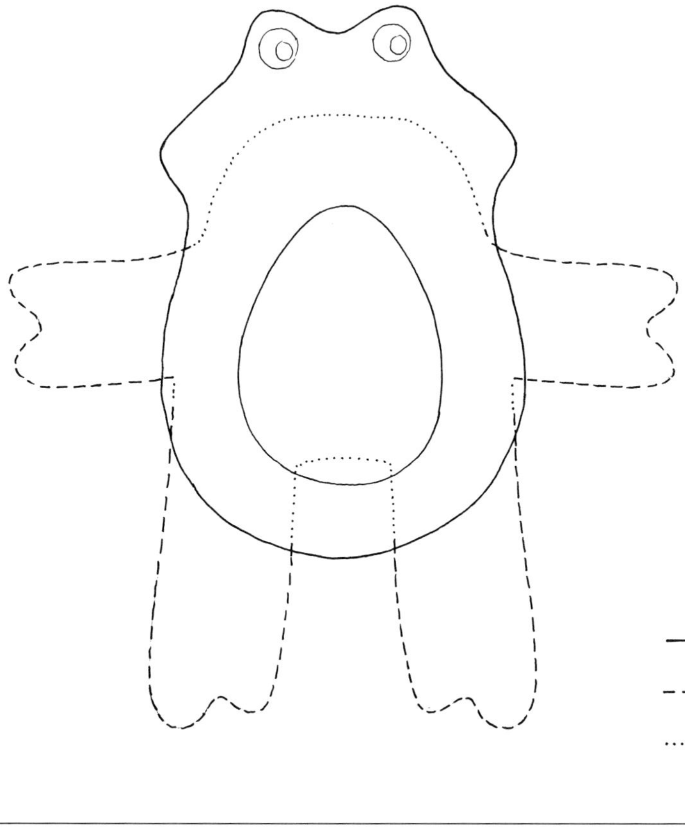

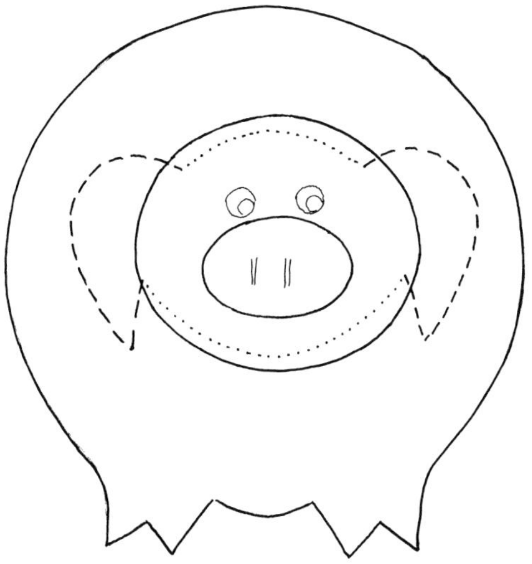

—— sichtbare Kante

- - - sichtbare Kante der Zwischenlage

········ veränderbare Schnittkante

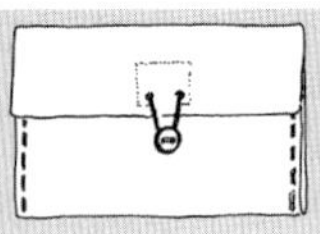

4.2 Brieftasche

Nähen

Kompetenzen

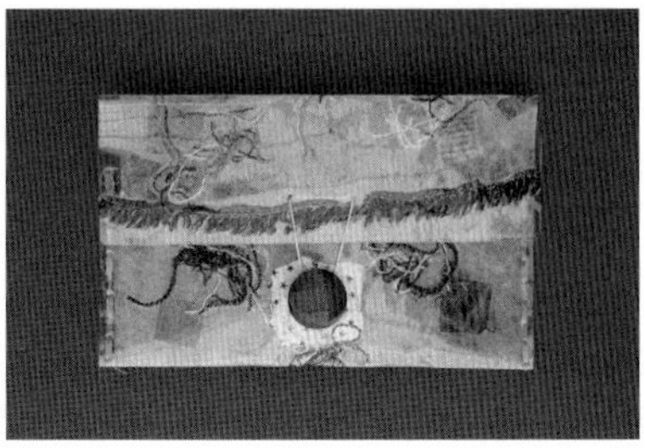

- Gestaltung eines „Folien-Stoffes“
- Perforieren von Einstichlöchern für eine Verbindungsnaht
- Planung und Anbringung eines Verschlusses

Material und Vorbereitungstipps

- transparente Papiere → Transparentpapiere, Strohseide, Blumenseide, Deko-Vliespapier, Maulbeerbaumpapier; zuschneiden auf DIN A4
- Laminierfolien, 125 mic., DIN A4 → mit Transportpappe laminieren
- Einstreumaterialien → Folienstanzlinge, Stanzlinge von Motivlochern, gepresste Naturmaterialien, Stanniolpapiere, Fäden, Stoffreste, Lametta u. a.; müssen papierdünn sein und dürfen sich zur Sicherung der Kanten nicht am Laminierfolienrand befinden
- Locheisen Nr. 2
- transparenter Klebefilm
- Permanentstift, fein → zum Einzeichnen der Stanzlöcher mithilfe der Schablone
- Falzschablone → Maschinengraupappe, 2 mm stark, z. B. auf 8,5 cm x 30 cm zuschneiden
- Bändchengarn
- Stopfnadel
- Hutgummi
- Knopf
- Stationskarte Falzen S. 33
- Kopiervorlage Schablone S. 86
- evtl. aus dem Vorgängerband Stationskarten Locheisen S. 43, Vorstich mit Vernähen S. 38, Überwendlicher Stich S. 39

Methodisch-didaktischer Kommentar

- Damit die Schüler begreifen, wie aus einer Fläche eine Hülle entstehen kann, sollten Faltübungen vorausgehen. Wer eine konkrete Vorstellung von seinem Design hat, sollte dieses einzeichnen und bei der Stoffgestaltung die Platzierung des Knopfes und des Dekors berücksichtigen.
- Der Lehrer bereitet eine Universalschablone in Karton mit Markierungen für Löcher und Falze vor. Wenn individuelle Faltlösungen gewünscht sind, müssen sich die Schüler eigene Falzschablonen anfertigen.
- Egal, welche Verschlusslösung gewählt wurde, es gilt: zwei dicht nebeneinander liegende Löcher für den Knopf, zwei weiter auseinander liegende für das Spanngummi.
- Damit eine Nahtlinie mit gleichmäßigen Stichabständen parallel zur Kante entsteht, benötigen Grundschulkinder Hilfen zur Markierung. Bewährt hat sich eine laminierte Papierschablone mit vorgestanzten Löchern im Zentimeter-Abstand, zur Rutschsicherung punktuell feines Schleifpapier darunterkleben.
- Leichter ist das Perforieren mit der „Schaffnerzange“. Diese Lochzange (Bezug siehe Seite 14) stanzt ohne großen Kraftaufwand 6 mm große Löcher. Solche Riesenlöcher machen jedoch eine Naht mit breitem Satinband (10 mm) und Stichmarkierungen im 15-mm-Abstand erforderlich.
- Wenn der überwendliche Stich bevorzugt wird (Perlgarn Nr. 5), beginnt man oben mit hängendem Fadenende, wendet unten in der Taschenfalte und näht als Zickzacknaht bis oben. Die Fadenenden verknoten und im Tascheninneren vernähen.

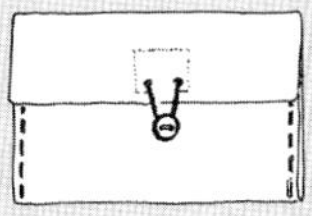

4.2 Brieftasche

Arbeitsablauf

- Ein Hintergrundpapier auswählen.
- Farblich passend sparsam mit Einstreu belegen. Wenn nötig leicht festkleben.
- Das gestaltete Papier in eine Laminierfolie legen und in einer Transportpappe laminieren.
- Mithilfe der Falzschablonen die Taschenklappen von der linken Seite falzen.
- Zur Probe die Tasche falten und die Anbringung eines Knopfes und eines Spanngummis festlegen.
- Die Nählinienschablone an die Folienkante anlegen. Die Löcher an der Länge des Taschenteils ausrichten, Löcher markieren und stanzen.
- Für den Verschluss (Variante 1 mit Knopf in der unteren Taschenklappe) ein passendes Stück Hutgummi ablängen und einknoten.

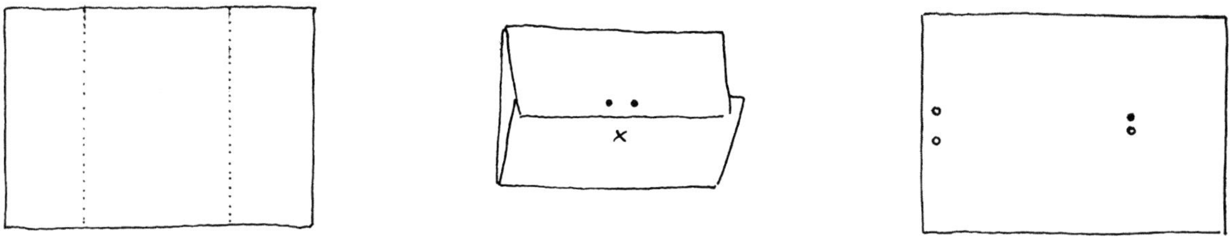

- Die Taschenvorderseite am Eingriff mit ein wenig Klebefilm an der Rückseite fixieren, damit die Taschenkanten fest aufeinanderliegen.
- Einstichlöcher im Abstand von 1 cm an den Taschenseiten markieren.
- Mit dem Locheisen stanzen.

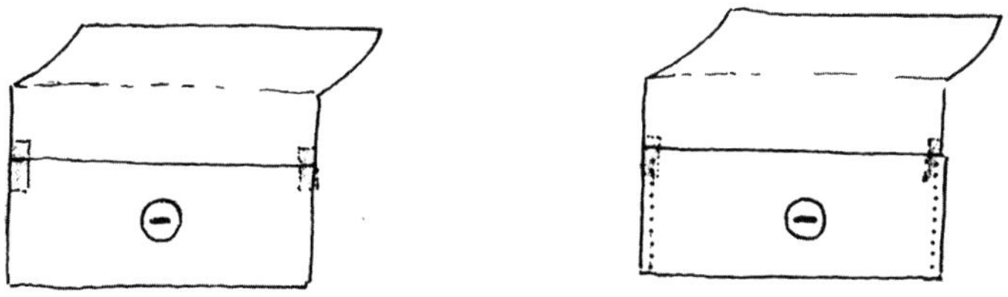

- Die Seitenteile zunähen: Mit Bändchengarn an der Bodenfalte mit einem Knoten beginnen, am Tascheneingriff mit einem Dreifachstich enden.
- Das Fadenende abschneiden und das Klebeband entfernen.
- Das fehlende Verschlussteil in die obere Taschenklappe einknoten.

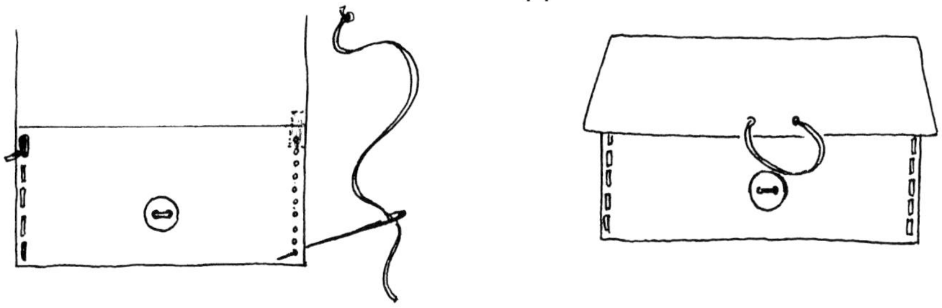

Tipp

- Möglich ist auch eine Verschlussvariante mit Knopf in der oberen Taschenklappe (siehe Abb., Schablone für Lochung auf Seite 86).
- Diese Tasche ist Praktisch zum Aufnehmen von kleinen Projektarbeiten (Grußkarten, Fotos Kalligraphieproben, geschöpfte Papier) oder zum Aufbewahren von Briefen.
- Wenn der Sammelanlass festgelegt ist, kann die Gestaltung thematisch darauf abgetimmt sein: Weihnachten, Klassenreise am Meer, Freundschaftsbriefe ...

Schablonen für Lochungen (links) und Nählinie (rechts)

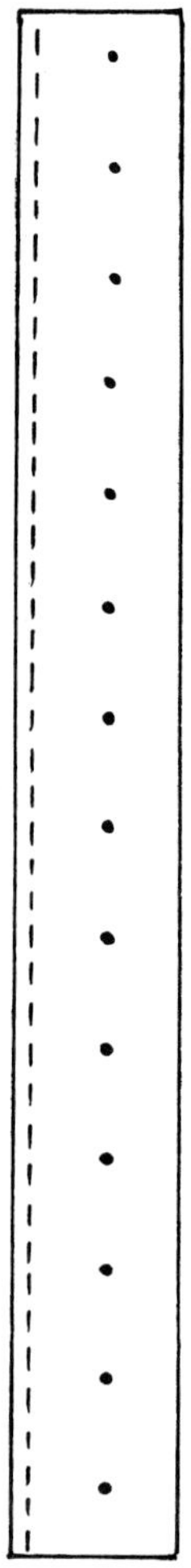

● Schablone für Verschlussvariante mit Knopf in der unteren Taschenklappe

○ Schablone für Verschlussvariante mit Knopf in der oberen Taschenklappe

4.3 Baumschmuck

Kompetenzen

- Gestaltung eines typischen Jahreszeitenmotivs
- sparsamer Zuschnitt
- gleichmäßiger Vorstich als Kontrastlinie

Material und Vorbereitungstipps

- Designerfilz, 2–3 mm stark
- Karton für Schablonen
- Fineliner → zum Markieren der Konturen
- ca. 60 cm Perlgarn
- Stopfnadel
- Locheisen, Nr. 5–7
- Holzperlen
- Kopiervorlage Schablonen S. 88
- evtl. aus dem Vorgängerband Stationskarten Locheisen S. 43, Vorstich mit Vornähen S. 38

Methodisch-didaktischer Kommentar

- Die Schnittmuster können vom Lehrer aus Karton vorbereitet werden. Geschickte Kinder können eigene Schablonen entwickeln, bei symmetrischen Motiven ergeben sie sich aus einem Faltschnitt.
- Die Länge des Perlgarns entspricht der Länge vom Hals über den ausgestreckten Arm bis zur Fingerspitze und gilt als Universalmaß für eine optimale Fadenlänge beim Nähen.
- Zur Binnendifferenzierung kann die Oberfläche von geschickten Schülern weitergestaltet werden: Knöpfe oder Pailletten aufnähen, Filzmuster aufkleben o. Ä.

Arbeitsablauf

- Die Kartonschablone des gewünschten Motivs platzsparend auf den Filz legen.
- Mit einem dünnen Filzstift die Umrisse aufzeichnen.
- Dicht an der Markierungslinie ausschneiden, sodass später keine Filzstiftspuren mehr sichtbar sind.
- Perlgarn in kontrastierendem Farbton einfädeln.
- Den Fadenanfang unsichtbar innerhalb der Filzdicke vernähen, dann mit dem ersten Stich am Aufhängerende beginnen. Knapp neben der Schnittkante eine Linie mit gleichmäßigen Vorstichen nähen. Der letzte Stich kommt wieder am Aufhängerende heraus.

- Aus den Filzresten mit dem Locheisen kleine Scheiben stanzen.
- Auf den verbleibenden Faden Perlen und Filzscheiben auffädeln.
- Den Aufhängefaden mit einer Schlaufe wenden, den Faden durch die Perlen und Scheiben zurückführen.
- Die Nadel entfernen. Das Fadenende verknoten und oben an der Schlaufe ziehen, bis sich der Knoten in den Filz zieht.

Tipp

- Wer keinen Designerfilz zur Hand hat, klebt vorsichtig zwei Lagen Bastelfilz aufeinander und begradigt nach dem Zusammennähen die Schnittkanten.
- Statt der Weihnachtsmotive bieten sich für den Herbst Blattformen und für den Frühling Ostermotive an.

4.3 Baumschmuck

Schablonen (evtl. etwas vergrößern)

4.4 Magnet-Monster

Kompetenzen

- Gestaltung eines außergewöhnlichen Gesichts
- Nähen des überwendlichen Stichs als Kantenversäubetrung und Kantenverbindung
- Verschließen der ausgestopften Figur mit einem Vorstich

Material und Vorbereitungstipps

- Polarfleece
- Perlgarn
- feine Stopfnadel
- Füllwolle
- Knöpfe, Perlen, Pailletten
- Bändchengarn/dünne Kordel, ca.15 cm
- Magnet
- Heißklebepistole
- Kopiervorlagen Schablonen Schnippelbogen S. 90
- evtl. aus dem Vorgängerband Stationskarten Überwendlicher Stich S. 39, Knopf annähen S. 41

Methodisch-didaktischer Kommentar

- Versiertere Schüler könnten an diesem kleinen Objekt das Verstürzen unter Verwendung des Steppstichs erlernen.
- Genäht wird zunächst die lange Außennaht im überwendlichen Stich mit farblich passendem Garn. Nach dem Befüllen wird für die Beine Bändchengarn eingelegt und dann die untere Naht mit festen Vorstichen geschlossen. Ein Knoten an den Beinenden verhindert ein Ausfransen der Schnur und wirkt wie ein Fuß.

Arbeitsablauf

- Siehe „Schnippelbogen", Seite 90.
- Die richtige Reihenfolge der Bilder des Schnippelbogens lautet: L, D, G, I, A, K, C, E, B, J, H, F.

Tipp

- In der Klasse hat jeder sein Monster an der Magnetwandtafel hängen. Innerhalb kürzester Zeit wissen alle, welches Monster zu welchem Schüler gehört, sodass entsprechende Mitteilungen an den Schüler von Lehrern und Klassenkameraden einfach am Magneten befestigt werden. Diese Postfachtafel ist sehr dekorativ und überaus praktisch!
- Vielleicht gefällt ein Modell als Schulmaskottchen, sodass es in Serie produziert werden kann und die Grundschüler dadurch die Rahmenbedingungen für einen „Schülerbetrieb" kennenlernen.

4.4 Magnet-Monster

Schnippelbogen

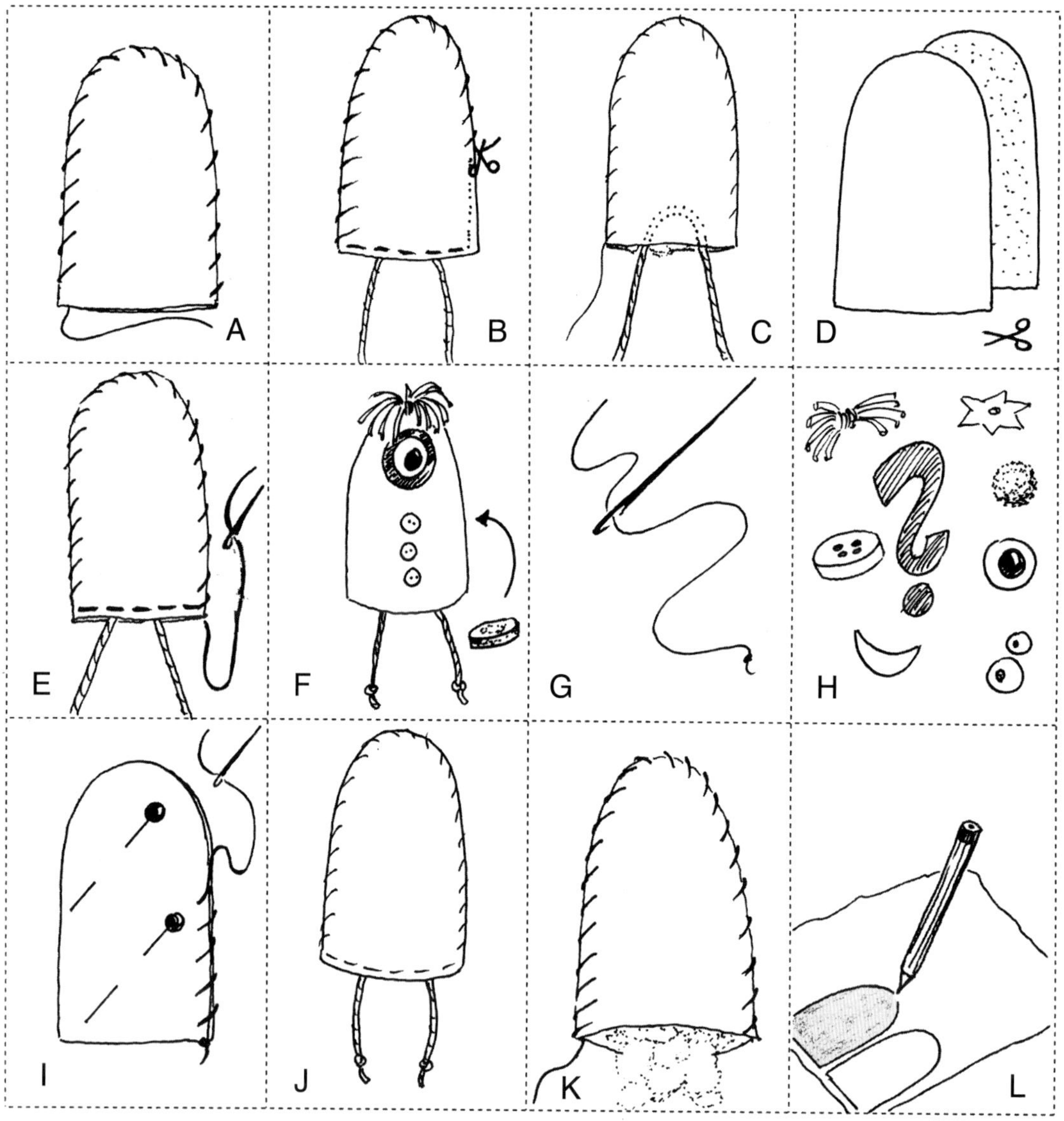

Schablonen

4.5 Schnabeltier

Kompetenzen

- sparsamer Zuschnitt
- Kennenlernen des Steppstichs als feste Nahtverbindung bei innenliegenden, fransenden Schnittkanten
- Klärung der Begriffe „rechte“ und „linke“ Stoffseite

Material und Vorbereitungstipps

- Fineliner zum Markieren
- bunter Bastelfilz
- kleingemusterter Baumwollstoff
- Designerfilz, 3 mm dick, bzw. Moosgummi
- Locheisen Nr. 5
- Perlgarn Nr. 8 und Stopfnadel
- Füllwolle
- Nähgarn und Nähnadel
- Strickgarne
- Wollreste → für die Frisur
- Wackelaugen
- Häkelnadel → zum Durchziehen der Kordel durch die Kopflöcher
- 25 cm Hutgummi und passende Perle
- Smyrnanadel
- Heißklebepistole
- Stationskarte Frisurenmaschine S. 28, Steppstich S. 30
- Kopiervorlage Schablonen S. 93, Schnippelbogen S. 94
- evtl. aus dem Vorgängerband Stationskarten Locheisen S. 43, Wollwuschel S. 34, Kordeldrehen S. 26, Vorstich mit Vernähen S. 38, Quaste wickeln S. 27

Methodisch-didaktischer Kommentar

- Wenn eine frech gemusterte Nase das Schnabeltier schmücken soll, dann muss ein feines Gewebe zum Einsatz kommen. Die Schüler sollen durch die Analyse vorbereiteter Nähproben erkennen, dass ein Vorstich in Perlgarn die passende Nahtverbindung für eine außen liegende Filznaht ist, dass diese Naht jedoch unpassend für feine, fransende Gewebe ist. Für ausgestopfte Schnittteile mit innen liegenden Nähten bietet sich der robuste, feste, doppelt genähte Steppstich (Rückstich) an.
- Das Üben des Steppstichs sollte an einer Demopappe und dann entlang von markierten Linien auf Gewebe oder Filz geübt werden. Wem das nicht gelingen mag, darf den doppelt genähten Vorstich verwenden.

Arbeitsablauf

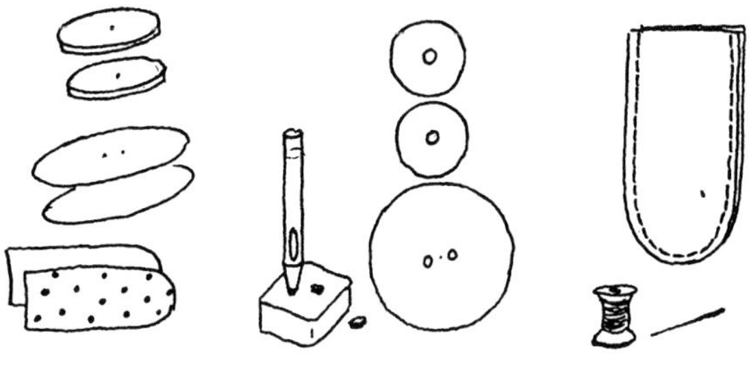

- (Siehe auch "Schnippelbogen", Seite 94. Die richtige Reihenfolge der Bilder des Schnippelbogens lautet: F, L, A, G, M, B, K, H, E, J, N, C, P, D, O, I.)
- Zuschneiden der Schnittteile: 2 x Kopf aus Bastelfilz, 2 x Fußplatte aus Designerfilz oder Moosgummi, 2 x Nase aus Baumwollgewebe.

4.5 Schnabeltier

Nähen

Arbeitsablauf (Fortsetzung)

- Mit dem Locheisen Nr. 5 die Fußmitten und die zwei Fädellöcher in das Kopfteil stanzen.
- Die Nasenteile rechts auf rechts aufeinanderstecken und gegebenenfalls die Nählinie mithilfe einer Schablone markieren.
- Nähgarn in eine Nähnadel einfädeln, die Fadenenden verknoten und mit doppeltem Faden die gebogenen Schnittkanten mit einem festen Steppstich zunähen. Die Fadenenden werden durch dreimaliges Nähen auf der Stelle vernäht.
- Die Nase locker mit Füllwolle ausstopfen.

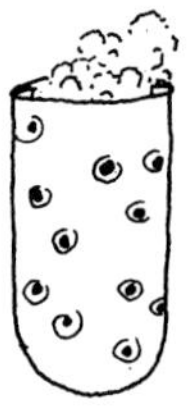

- Die Kopfteile aufeinanderstecken und rundherum mit festen Vorstichen in Perlgarn von Markierung zu Markierung nähen (siehe Schablone), den Faden hängen lassen.
- Den Kopf locker ausstopfen, die ausgestopfte Nase in die Öffnung einlegen und beides mit Stecknadeln fixieren.
- Die Kopföffnung schließen und gleichzeitig die Nase annähen. Den Faden unsichtbar vernähen.

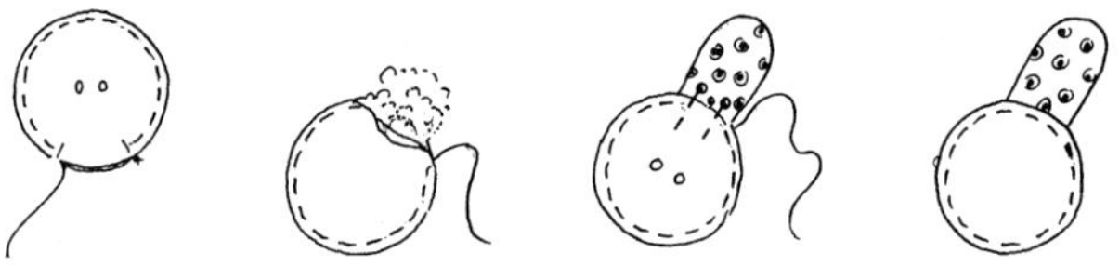

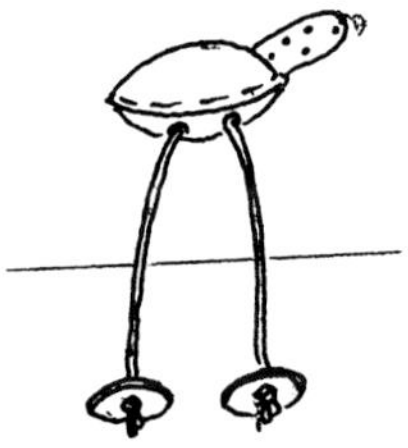

- Drei Garne von je 180 cm Länge zu einer Kordel verdrehen.
- Das Schlaufenende mit der Häkelnadel durch die Kopflöcher fädeln.
- Die Beinlänge festlegen. Die Kordelenden durch die Fußplatten führen und verknoten.
- Die Haare mit der Frisurenmaschine herstellen. Nach Belieben mit Schleifen verzieren. Aufkleben oder annähen.
- Wackelaugen mit der Heißklebepistole aufkleben.
- Für den Führungsfaden das Hutgummi an einem Ende verknoten. Eine Perle aufziehen, mit einer Smyrnanadel durch den Kopf fädeln und eine Handschlaufe knoten.

Tipp

- Die Figur ist ein guter Einstieg bei neuen Lerngruppen, um Grundlagentechniken zu vermitteln. Zur Binnendifferenzierung können Nähanfänger auch eine Filznase im Vorstich nähen, Profis könnten die Augen aufnähen und die Beine aus Kumihimokordeln flechten; der überwendliche Stich kann durch die Verwendung von Plüsch erprobt werden.

Schablonen

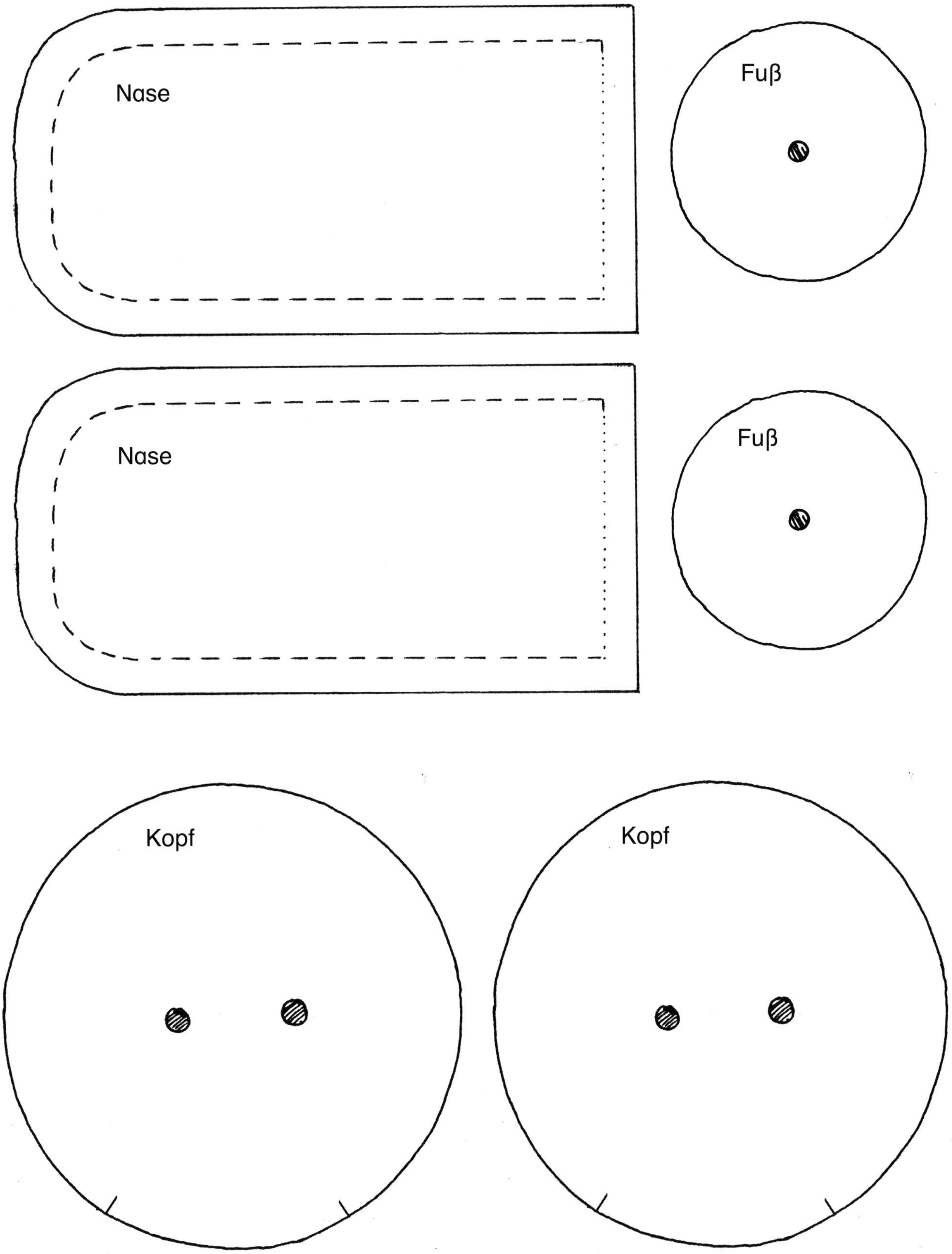

Schnippelbogen

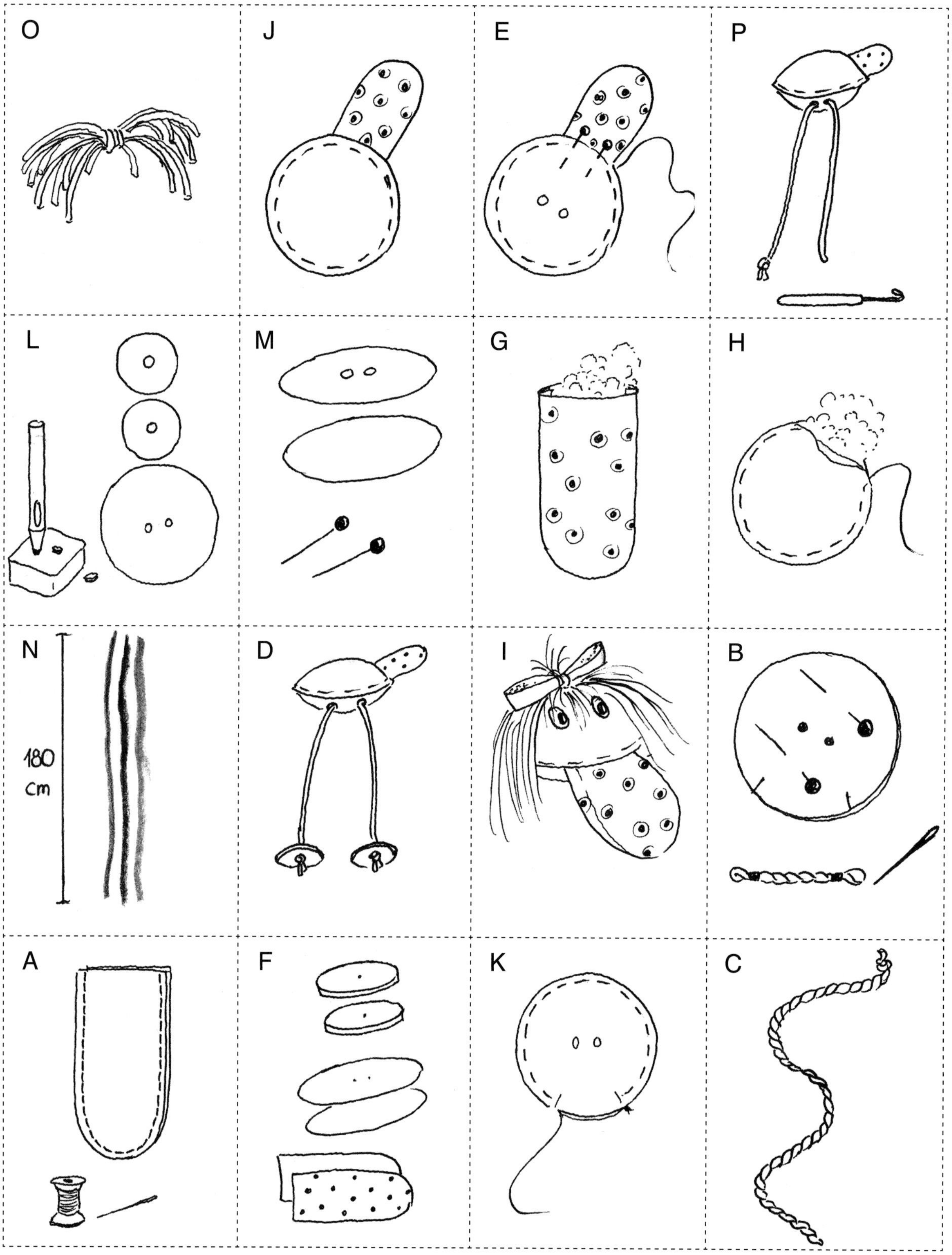

4.6 Portemonnaie

Nähen

Kompetenzen

- Recycling durch die Verwendung von Verbundstoffen
- Schnittgestaltung durch Falten, Schneiden, Legen
- Anbringen eines haltbaren, praktikablen Verschlusses
- Nähen von regelmäßigen Vorstichen in der Funktion als haltbare Naht und als sichtbarer Zierstich

Material und Vorbereitungstipps

- mind. 2 leere Capri-Sonne-Verpackungen → Bodennaht aufschneiden, gut ausspülen, geöffnet stehend trocknen lassen
- transparenter Klebefilm
- Permanentstift, fein → zum Einzeichnen der Stanzlöcher
- Perlgarn Nr. 8, Stopfnadel, Hutgummi, Knopf
- Kopiervorlagen Schablonen S. 96, Wort-Bild-Domino S. 97

Methodisch-didaktischer Kommentar

- Zur Herstellung des Entwurfpapiers kopieren Sie mehrere Verpackungen auf eine DIN-A4-Seite.
- Beim Zuschnitt gilt es, die gedruckten Motive geschickt zu platzieren, geschweißte Kanten möglichst zu belassen, offene Schnittkanten zuzunähen und Tascheneingriffskanten zu umnähen.
- Der Eingriff in das Portemonnaie ist angenehmer, wenn die scharfe Folienkante oben gefaltet und festgesteppt wird.
- Damit eine Nahtlinie mit gleichmäßigen Stichabständen parallel zur Kante entsteht, benötigen Grundschulkinder Hilfen. Es hat sich bewährt, zum Einzeichnen der Nählöcher eine laminierte Papierschablone in der Breite einer Capri-Sonne-Verpackung mit gestanzten Löchern vorzubereiten.
- Zur Sicherung des stark belasteten Tascheneingriffs sollte der erste Stich an beiden Seiten dreifach genäht werden.
- Damit das Verschlussgummi gut fasst, sollte ein Knopf mit Stiel genäht werden. Statt des Vernähens werden Fadenanfang und -ende fest zusammengeknotet.

Arbeitsablauf

- Die Schnittmusterteile durch Falten, Legen und Wegklappen der Papiermuster gewinnen.
- Die ausgewählten Verpackungen geschickt zuschneiden.
- Den oberen Taschensaum umklappen, den Umschlag von links mit Klebefilm fixieren.
- Den Knopf und die Gummischlaufe platzieren und an schwer zugänglichen Stellen fixieren.
- Mithilfe der Schablone die Einstichlöcher auf dem vorderen Taschenteil markieren.
- Den Perlgarnfaden einfädeln und das Ende verknoten. Den oberen Taschensaum fixieren: Die Einstichlöcher mit der Stopfnadel vorpieksen, einen Vorstich nähen.
- Das Taschenvorderteil auf das Taschenrückteil legen und an wenigen Stellen mit Klebefilm fixieren.
- Mit einer U-Naht aus Vorstichen beide Teile zusammennähen. Das Fadenende in der Naht vernähen.
- Einen Knopf mit Stiel annähen.
- Die richtige Reihenfolge der Kärtchen im Domino lautet: 2, 12, 1, 6, 15, 3, 7, 16, 11, 8, 13, 10, 14, 4, 9, 5

Tipp

- Haltbarer, aber teurer ist das Einstanzen eines Nähfreidruckknopfes.

Schablonen

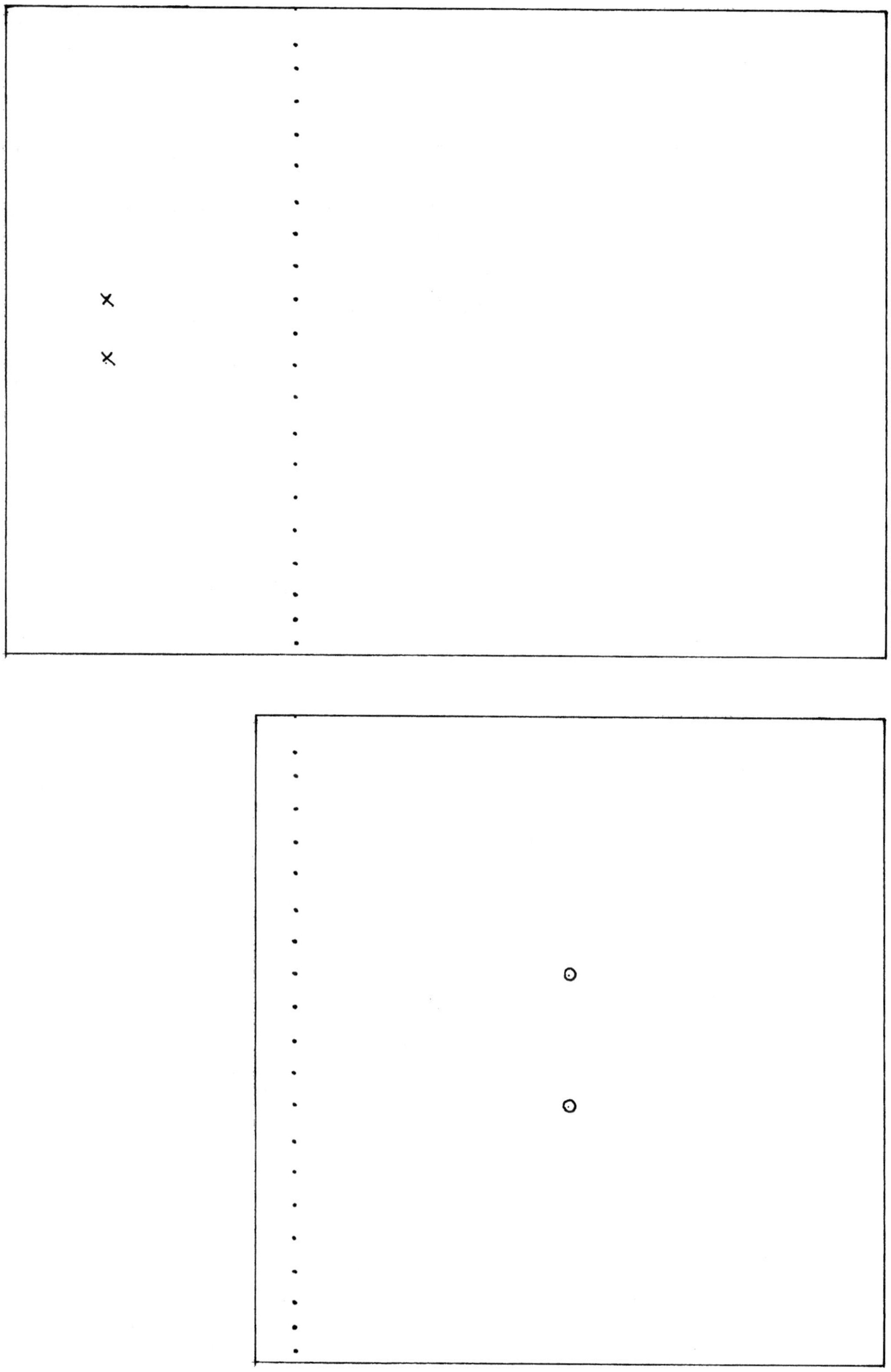

4.6 Portemonnaie

Wort-Bild-Domino

1 	Knicke die scharfe Kante am Tascheneingriff nach hinten und klebe sie fest.	9 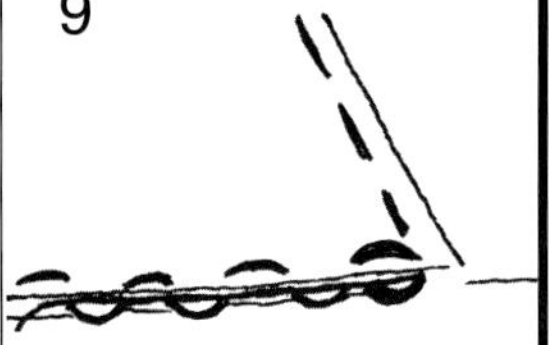	Nähe einen Knopf an die Taschenklappe.
2 **Start**	Falte dir eine Tasche aus dem zugeschnittenen Entwurfspapier.	10 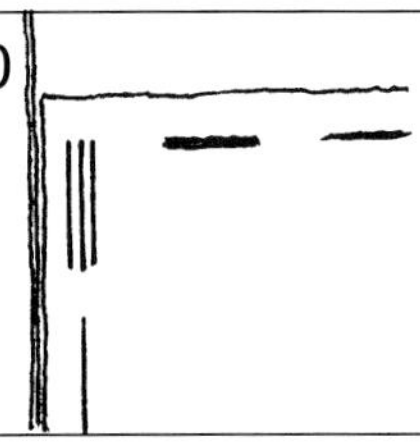	Nähe einen festen Vorstich rundherum.
3 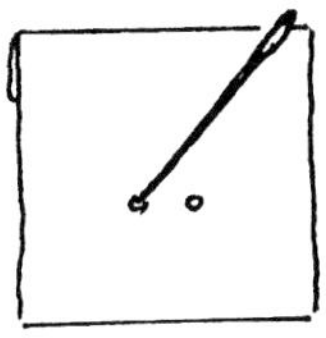	Markiere alle Nählöcher mit einem Folienstift.	11 	Klebe das Vorderteil auf das Rückteil.
4 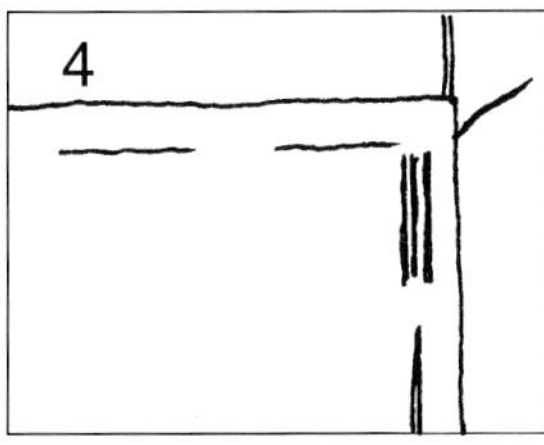	Vernähe den Faden unsichtbar in der Naht.	12 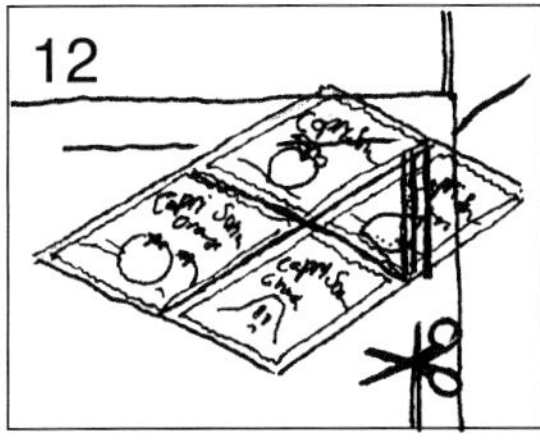	Schneide dir nach deinen Schablonen die Capri-Sonne-Tüten zu.
5 	**Geld her!**	13 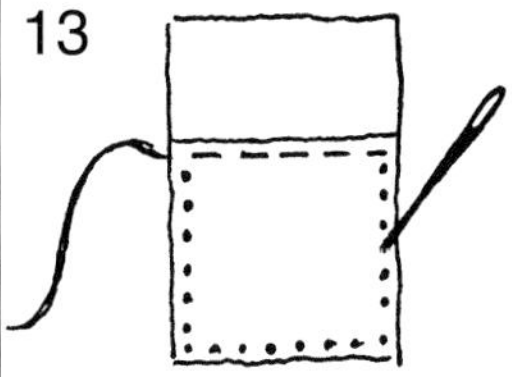	Beginne mit einem Dreifachstich.
6 	Lege die Teile wie gewünscht zusammen und lege den Verschluss fest.	14 	Schließe mit einem Dreifachstich ab.
7 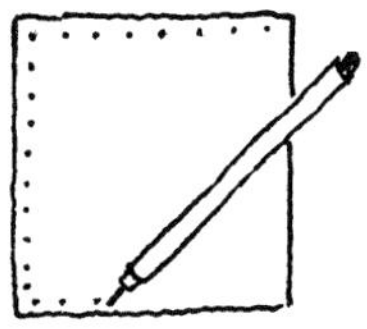	Piekse mit einer Stopfnadel die Nählöcher an der Kante.	15 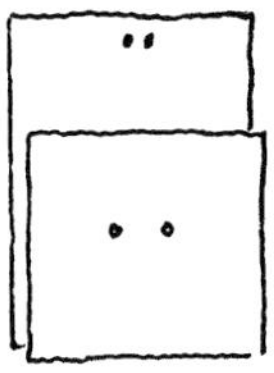	Piekse Löcher in das Taschenvorderteil und befestige mit einem Hutgummi den Verschluss.
8 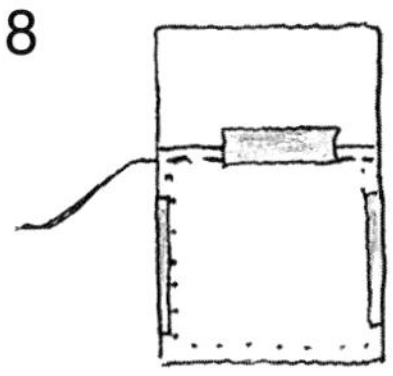	Piekse die restlichen Nählöcher.	16 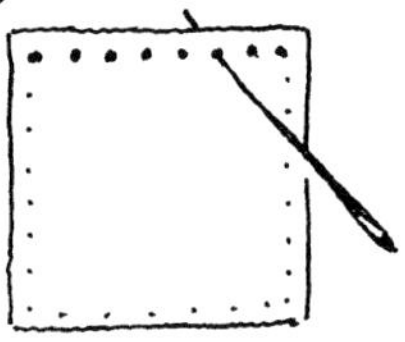	Fädele einen Faden ein und nähe an der Kante entlang.

4.7 Tassen-Pad

Kompetenzen

- Nähen nach der Paperpiecing-Methode
- Verstürzen eines Stoff-Quadrats

Material und Vorbereitungstipps

- Stoffstreifen aus feinem Baumwollgewebe → mit dem Schneideset in 2-, 3- und 4-cm-Streifen sowie in 5- und 7-cm-Quadrate schneiden
- Rasterquick/Stickvlies sowie Baumwollstoff → Quadrate à 12 cm x 12 cm mit dem Schneideset zuschneiden
- Polyesternähgarn
- Nähnadel
- synthetische Füllwatte → Füllmaterial aus Kopfkissen ist eine preiswerte Alternative
- Potpourri/Lebkuchengewürz/getrocknete Heilkräuter/Duftöl
- Kopiervorlage Musterideen S. 100
- evtl. aus dem Vorgängerband Stationskarte Vorstich mit Vernähen S. 38

Methodisch-didaktischer Kommentar

- Das Nähen auf einer vorgedruckten Unterlage ermöglicht selbst Nähanfängern das Herstellen aufwendig gemusterter Patchwork-Blöcke. Wie der Name sagt, werden die Nählinien zunächst auf Papier gezeichnet und dieses nach dem Nähen mit der Nähmaschine wieder herausgerissen.
- Gelegt wird auf der unbedruckten Vliesseite, genäht auf den gedruckten/gezeichneten Linien, d. h. das Motiv erscheint später seitenverkehrt.
- Handnähte würden beim Herausreißen leiden.
- Da durch die Einlage ätherische Öle diffundieren sollen, wird die Verwendung von Vliesen empfohlen. Kleine Filmdosen, in denen Zimtzucker lagert, werden am offenen Ende mit unterschiedlichen Materialien bespannt – ein Schnuppern daran macht den Schülern schnell deutlich, welches Material am besten geeignet ist.
- Paperpiecing-Flächen können mit einfachen Vorstichen und im schrägen Fadenlauf gearbeitet werden, denn die Vliesunterlage als Untergrund gibt dem Ganzen Halt.
- Der Einsatz der Nähmaschine durch den Lehrer ist beim Verstürzen der Mini-Kissen sehr hilfreich.

Arbeitsablauf

- Das Muster per Kugelschreiber auf Stickvlies oder Rasterquick abpausen.
- Die gewünschten Stoffstreifen auswählen.
- Den ersten Streifen mit der linken Seite auf die unbedruckte Vliesseite legen.
- Das Vlies gegen das Licht halten und kontrollieren, ob ausreichend Nahtzugabe über die gezeichnete Linie hinausragt.
- Nun rechts auf rechts, Nahtzugabe auf Nahtzugabe, den zweiten Streifen auflegen. Zur Probe einmal in die später zu klappende Richtung falten.
- Auf passende Länge schneiden und mit Stecknadeln feststecken.
- Eine Nähnadel einfädeln, den Fadenanfang verknoten.

Arbeitsablauf (Fortsetzung)

- Eine Vorstichreihe entlang der gezeichneten Linie plus zwei Stiche darüber hinaus nähen und das Nahtende mit einem Dreifachstich auf der Stelle vernähen.

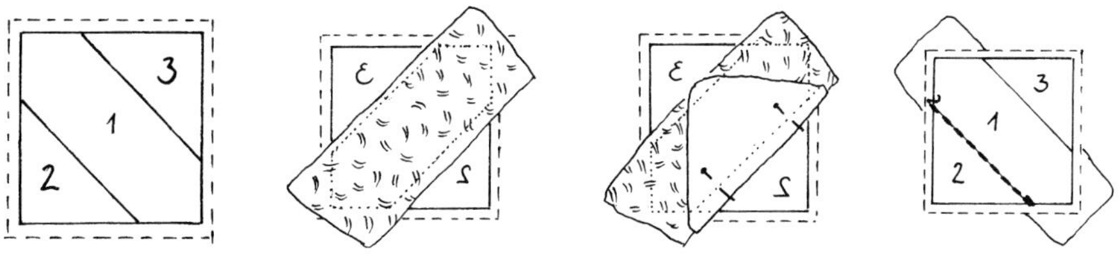

- Die Stecknadeln entfernen, den angesetzten Streifen umklappen und mit dem Fingernagel „flachbügeln".
- Gemäß der Nummerierung mit allen Stoffstreifen genauso verfahren, bis das Quadrat gefüllt ist. Die Kanten begradigen.

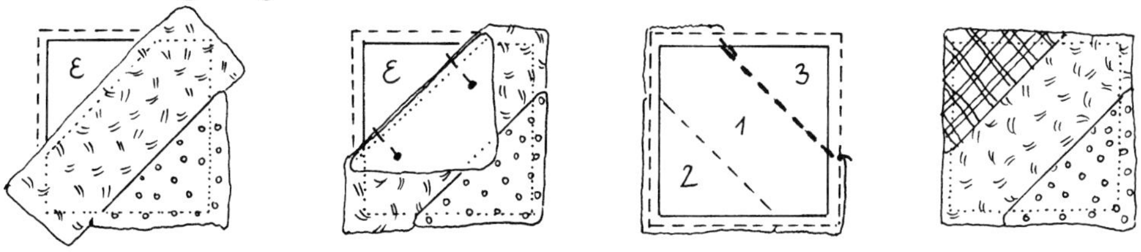

- Für die Rückseite ein ungepatchtes Stoffquadrat rechts auf rechts dagegenstecken. Mit einem Steppstich rundherum verstürzen, dabei eine Wendeöffnung lassen.
- Durch die Öffnung das Kissen auf die rechte Seite kehren.
- Mit wenig Füllwatte und Potpourri füllen und das Loch zunähen.
- Beim Daraufstellen einer heißen Tasse entwickelt sich ein angenehmer Duft.

Tipp

- Ohne vorbereitete Stoffstreifen und Musterzeichnungen, lediglich mit dem Griff in die Restekiste, kommt das „Crazy Patchwork" aus! In die Mitte des Vliesquadrats wird ein unregelmäßig fünfeckiges Stoffstückchen platziert. Ein zweites Stoffstück wird rechts auf rechts an eine Kante gelegt und mit einer Vorstichreihe festgenäht. Wie oben beschrieben umklappen und umbügeln. Im Uhrzeigersinn wird nun ein weiteres Stoffstück angenäht, das die offenen Schnittkanten der darunterliegenden Stoffe verdeckt. Am Ende entsteht ein Stoffstück aus zufällig entstandenen Mosaikteilchen.

- Dick ausgestopft wird das verstürzte Quadrat zum Nadelkissen.
- Als aufgenähte Applikation ziert der Patchwork-Block Kissenhüllen und Nesseltaschen.

Musterideen (nach Wunsch vergrößern)

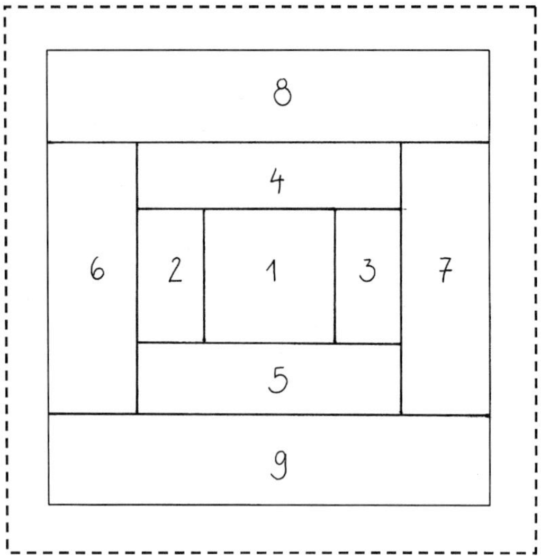

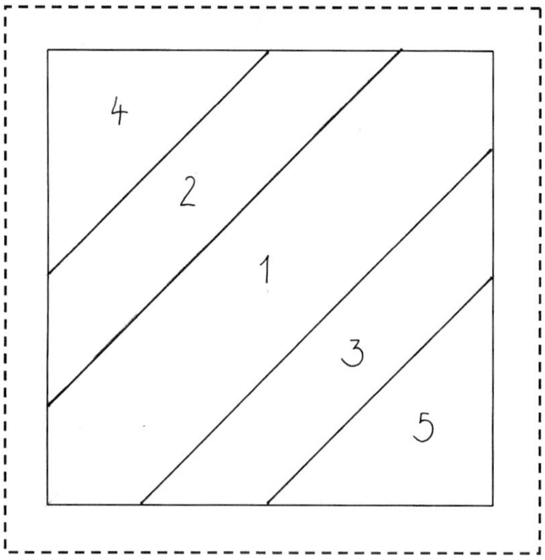

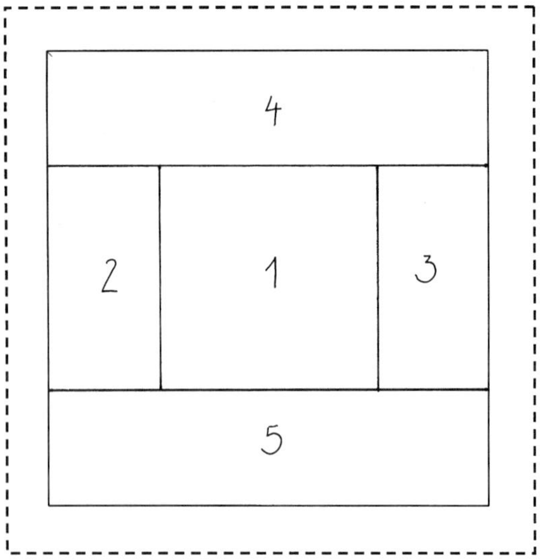

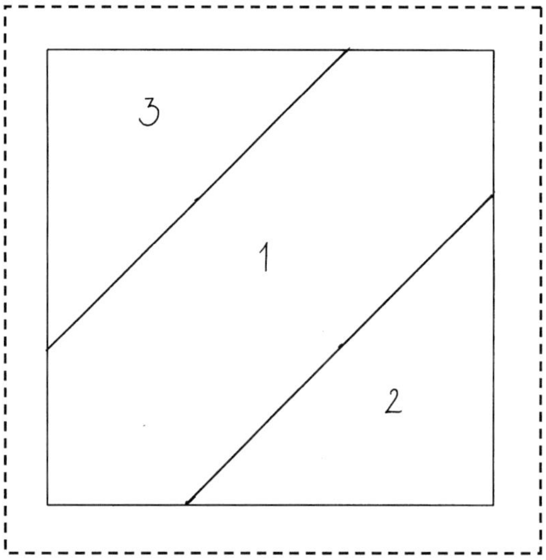

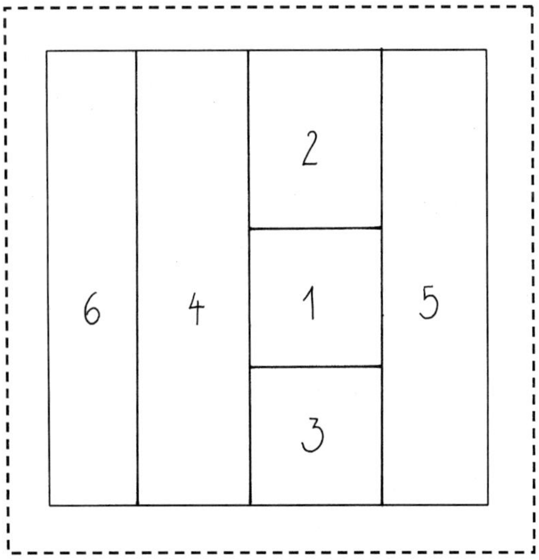

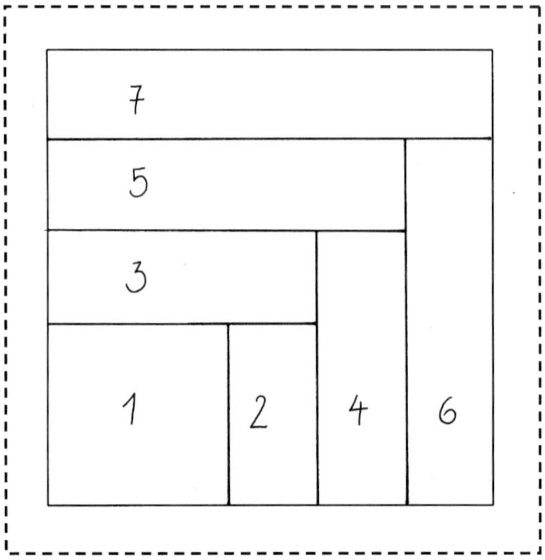

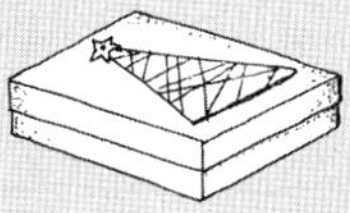

5.1 Geschenkschachtel

Oberflächengestaltung

Kompetenzen

- Gestaltung einer Kartonoberfläche mit Perlen, Pailletten und Fäden
- Falzen einer Schachtel mit Stülpdeckel

Material und Vorbereitungstipps

- Buntkartonzuschnitte → Deckel: 148 mm x 105 mm, Boden: 180 mm x 140 mm
- Falzschablonen aus Maschinengraupappe, 2 mm → Deckel: 17 mm, Boden: 35 mm
- Bastelfilz, Stoffreste → vorzugsweise Stoffabschnitte mit Vliesofix hinterbügeln
- feine Nähnadel
- Metallic-Stickfäden
- transparenter Klebefilm
- Pailletten
- Rocailles
- Stationskarte Falzen S. 33
- Kopiervorlage Schablonen S. 102
- evtl. aus dem Vorgängerband Stationskarte Perlen und Pailletten S. 40

Methodisch-didaktischer Kommentar

- Bevor der Buntkarton für die Schachteln an der Papierschneidemaschine in Serie zugeschnitten wird, sollten die exakten Maße mit einer Probefaltung überprüft werden.
- Nähanfänger können übergroße Modelle von Pailletten, Knöpfen und Perlen aus Holz, Karton oder Moosgummi mit einer Fädel-Schnur auf grobes Glasfasergewebe (Baustoffhandel) nähen. Das Übertragen der Fertigkeiten auf die Verwendung von winzigen Teilen ist dann einfacher.

Arbeitsablauf

- Den Kastendeckel falzen (siehe Stationskarte „Falzen", Seite 33).
- Mit einer Schablone die Platzierung des Tannen-Motivs festlegen.
- Den Stoff ausschneiden, sauber aufkleben bzw. aufbügeln.
- Das Metallicgarn in eine feine Nadel einfädeln. Das Fadenende rückseitig mit Klebefilm fixieren.
- Die Paillette und die Perle an die Tannenspitze nähen.
- Mit dem Restfaden die Tanne mit Sandstichen, Perlen und Pailletten vervollständigen (Abb.1) oder „Girlanden" von Kante zu Kante spannen (Abb.2).
- Das Fadenende mit Klebefilm fixieren.
- Den Kasten fertigstellen (siehe Stationskarte „Falzen").

Abb.1

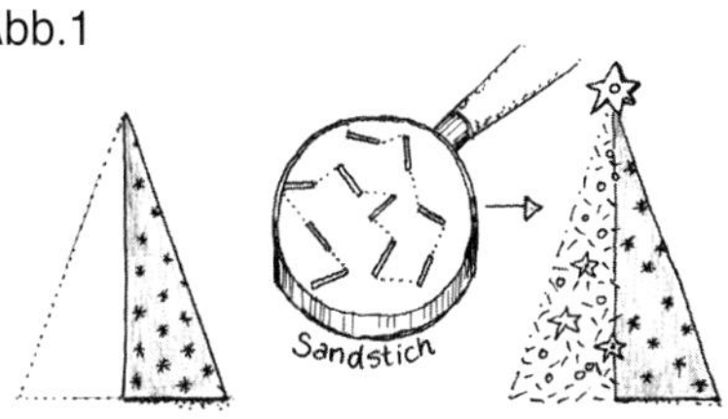

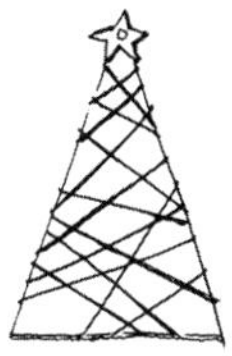

Abb.2

Tipp

- Passend zum Schachtelinhalt lassen sich in der beschriebenen Technik beliebige Motive gestalten.
- Im Kunstunterricht können fertig bedruckte Grußkarten im DIN-A6-Format verfremdet werden. Aufgabe ist es, neue Akzente mit Stoff, Perlen und Fäden zu setzen.

Schablonen

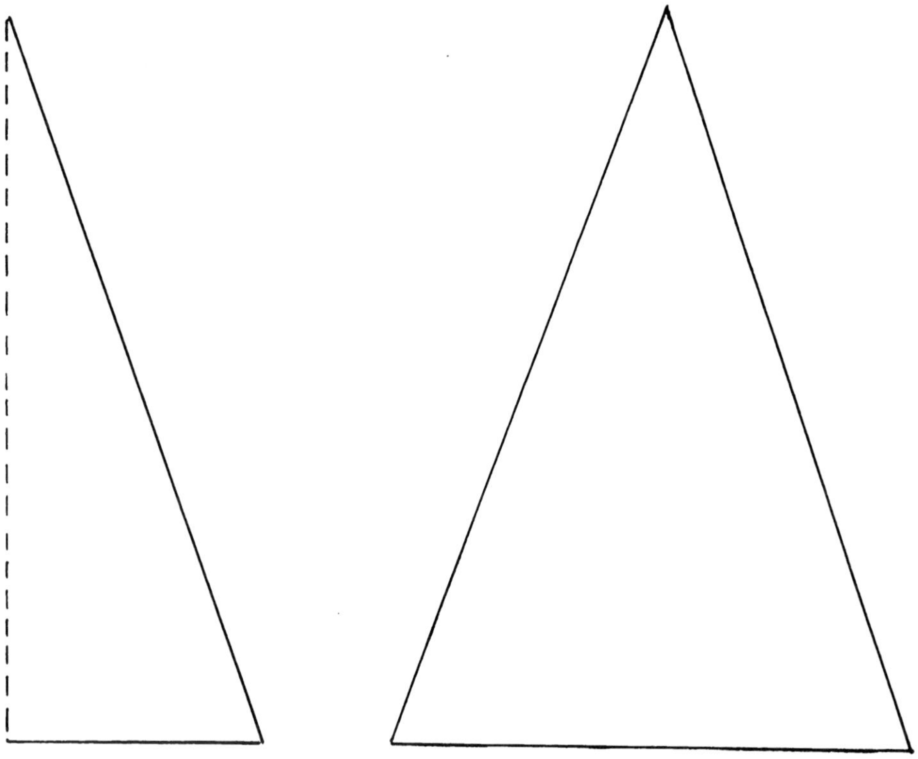

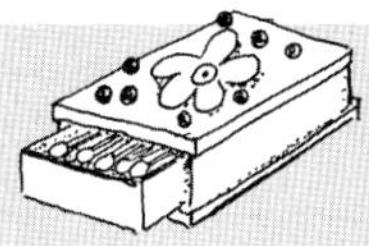

5.2 Geschenk-Zündhölzer

Oberflächengestaltung

Kompetenzen

- gebrauchstüchtiges Befestigen von Zierelementen
- Abstimmung des Dekors auf den Geschenkanlass

Material und Vorbereitungstipps

- Designerfilz, 3 mm dick → mit dem Schneideset Zuschnitte à 4 cm x 5,5 cm vorbereiten
- Dekorationszubehör → Pailletten, Perlen, Knöpfe, Acryl-Edelsteine, Holzstreuteile, Motive aus Bastelfilz
- Nähgarn bzw. Stickgarn sowie passende Nähnadeln
- Standard-Streichholzschachteln
- Holzleim → in ein flaches Gefäß mit Deckel umfüllen, mit Wasser verdünnen
- Borstenpinsel
- evtl. aus dem Vorgängerband Stationskarten Knopf annähen S. 41, Perlen und Pailletten S. 40, Vorstich mit Vernähen S. 38, Überwendlicher Stich S. 39, Heißklebeprüfung S. 49

Methodisch-didaktischer Kommentar

- Sehr anschaulich ist es für Nähanfänger in der Eingangsstufe, riesige Modelle von Pailletten, Knöpfen und Perlen aus Holz, Karton oder Moosgummi mit einer Fädel-Schnur auf grobem Glasfasergewebe (Baustoffhandel) zu nähen. Das Übertragen der Fertigkeiten bei der Verwendung von winzigen Teilen ist dann einfacher.
- Der Lehrer sollte auf einem Tablett ausgewählte Nadeln, Garne und Zierelemente ausstellen. Die Schüler ordnen Werkzeug und Material zu und begründen ihre Entscheidung. Dabei erkennen sie, dass nie das einfache Einfädeln das Entscheidungskriterium ist, sondern dass feine Perlenlöcher feine Nadeln erfordern, in die sich wiederum nur dünne Garne einfädeln lassen.
- Wenn die Zierelemente keine Aufnählöcher vorweisen, kommt die Heißklebepistole zum Einsatz. Zuvor kann das Filzrechteck mit einer Vorstichreihe in Perlgarn Nr. 8 umrandet werden. Wer individuelle Filzmotive bevorzugt, näht diese mit einem Zierstich auf.

Arbeitsablauf

- Zierelement und farblich passenden Filzzuschnitt auswählen.
- Die gewählte Fertigungstechnik (z. B. Vorstich, überwendlicher Stich, Knopf annähen, Perlen und Pailletten aufnähen) üben.
- Faden einfädeln, den Anfangsknoten auf der Filzrückseite verstecken, das Zierelement fachgerecht annähen bzw. eine Zierlinie sticken.

- Das Fadenende in der Dicke des Filzes unsichtbar vernähen.
- Eine Streichholzschachtel auf der Oberseite mit Leim einschmieren und das gestaltete Filzrechteck aufdrücken. Auf der Schachtelunterseite ein ungestaltetes Filzrechteck aufleimen.

Tipp

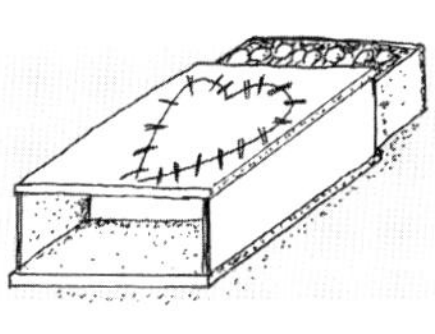

- Wenn die Reibefläche verbraucht ist, eine frische aufkleben!

5.3 Glasbanderole

Kompetenzen

- Abmessen des Umfangs eines Gefäßes
- Gestaltung der Oberfläche mit Fäden und Applikationen

Material und Vorbereitungstipps

- alte Gläser → Trink-, Einweck- oder Marmeladengläser mit geraden Wänden
- unifarbene Stoffreste aus Leinen, Baumwolle oder Wolle
- Aqua-Trickmarker → zum vorübergehenden Markieren der Sticklinien
- Stickgarnreste
- Sticknadel
- evtl. Knöpfe, Perlen, Pailletten, Filzreste
- Stationskarte Festonstich S. 131
- evtl. aus dem Vorgängerband Stationskarten Vorstich mit Vernähen S. 38, Knopf annähen S. 41, Perlen und Pailletten S. 40, Applikation S. 42

Methodisch-didaktischer Kommentar

- Die Gestaltung dieser kleinflächigen Stoffbanderole bietet sich optimal für die Erprobung neuer Fertigungstechniken an einem Produkt an. Wenn sich die Schüler auf eine Fertigungstechnik beschränken müssen, wird ihre Kreativität im besonderen Maße herausgefordert.
- Zum Schließen des Schlauchs kann der Vorstich zum Einsatz kommen. Der Festonstich jedoch versäubert und umfasst gleichzeitig die Kante, sodass diese später wie ein dekorativer Anfasser wirkt.
- Für eine Musterung mit Vorstichreihen werden Konturenschablonen mit geraden, gebogenen oder gezackten Kanten benutzt und auf dem Stoff verschoben.

Arbeitsablauf

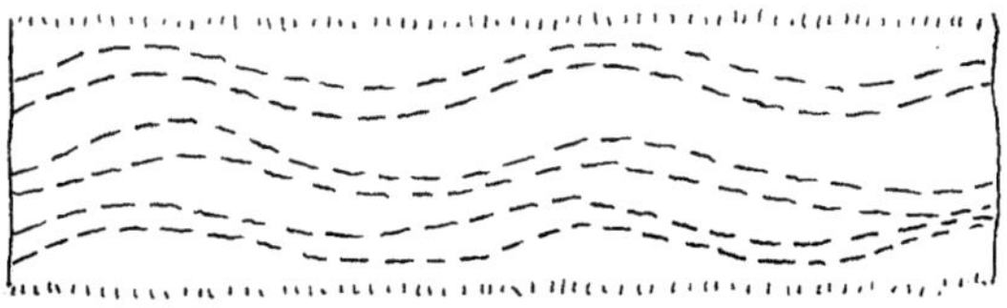

- Mit einem Papierstreifen die Ausmaße der Banderole festlegen. Dabei eine Nahtzugabe von 3 cm hinzurechnen.
- Den Papierstreifen fadengerade auf dem gebügelten Stoff feststecken und ausschneiden.
- Entwurfsideen auf dem Papierstreifen skizzieren und dann mit einem Aqua-Trickmarker auf den Stoff übertragen.
- Die Muster nachsticken bzw. applizieren.
- Die Markierungslinien mit einem feuchten Tuch entfernen.
- Den Stoff stramm um das Glas legen und die kurzen Stoffkanten mit Stecknadeln zusammenstecken.
- Den Schlauch vom Glas ziehen und die „Stecknadelnaht“ mit einem Festonstich schließen.

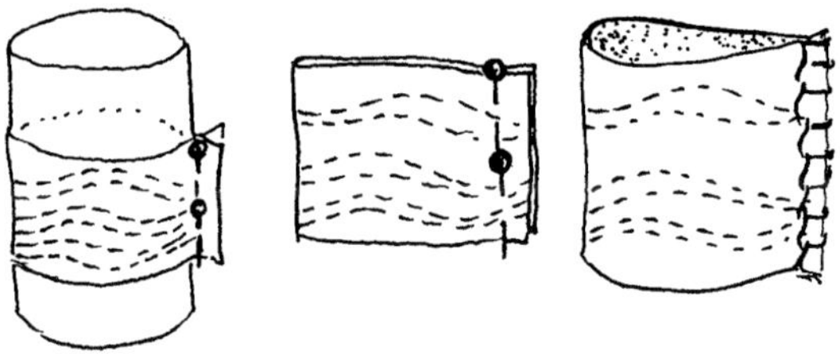

Tipp

- Schneller geht die Gestaltung mit Stoffdruck (siehe „Bedruckter Beutel“, Seite 112).
- Mit dem entsprechenden Design erhält das Glas ein neues Leben als Vase, als Windlicht oder als persönliche Aufbewahrungsdose.

5.4 Liebesherz

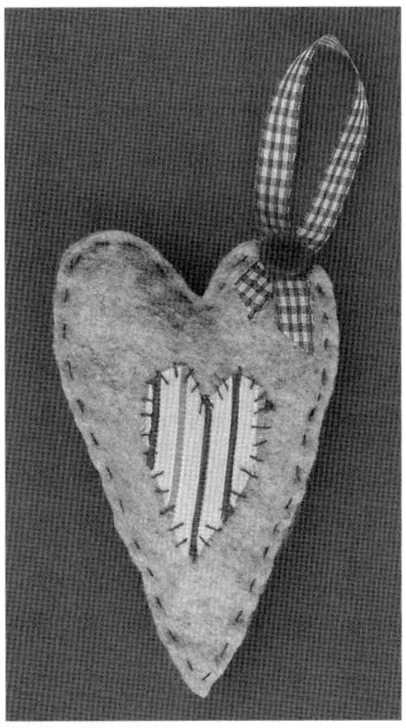

Kompetenzen

- Dekorieren eines Schnittteils mit Flicken, Applikationen und Knöpfen

Material und Vorbereitungstipps

- Filz, Polarfleece, Molton → Stoffkanten fransen wenig aus
- klein gemusterte Baumwollstoffe → bügeln, evtl. mit Vliesofix hinterbügeln
- Klebestift
- dänisches Blumengarn → entspricht zwei Sticktwistfäden, ist jedoch verzwirnt und damit leichter zu handhaben; über Stickfachgeschäfte erhältlich
- spitze Sticknadeln
- Knöpfe, Perlen, Pailletten
- karierte Webbänder, 10 mm breit→ als Aufhängeband
- Füllwolle
- evtl. aus dem Vorgängerband Stationskarten Vorstich mit Vernähen S. 38, Überwendlicher Stich S. 39, Applikation S. 42

Methodisch-didaktischer Kommentar

- An diesem Thema können verschiedene grundlegende Sticharten und Techniken der Oberflächengestaltung eingeführt werden. Die fertigen Herzen sehen auch von ungeübten Händen genäht ansprechend aus, weil sich die groben Stiche gut mit offenliegenden Schnittkanten und verspielten Flicken vertragen.
- Erfahrene Schüler spielen mit kontrastierenden Garnfarben, verstürzen das Kissen, sodass die Naht innen liegt, oder besticken das Herz bzw. die Flicken.

Arbeitsablauf

- Eine beliebige Herzform als Schnittmuster entwerfen.
- Zwei Herzen sparsam aus dem gewünschten Stoff zuschneiden.
- Flicken in beliebiger Form aus gemusterten Baumwollstoffen zuschneiden.
- Die Applikation leicht mit einem Klebestift auf einem Herz fixieren und mit dänischem Blumengarn mit einem Vorstich, überwendlichen Stich oder Festonstich aufnähen.
- Die beiden Herzen in gewünschter Technik zusammennähen, an der geraden Kante eine Stopföffnung von 4 cm lassen.
- Das Herz locker mit Füllwolle ausstopfen und die Lücke in der Naht schließen.
- Das Fadenende unsichtbar vernähen.
- Nach Geschmack mit Flicken, die über die Naht ragen, Perlen, Pailletten und/oder Knöpfen verzieren.
- Ein Aufhängeband befestigen, z. B. mit einem Knopf annähen bzw. um einen Knopf knoten.

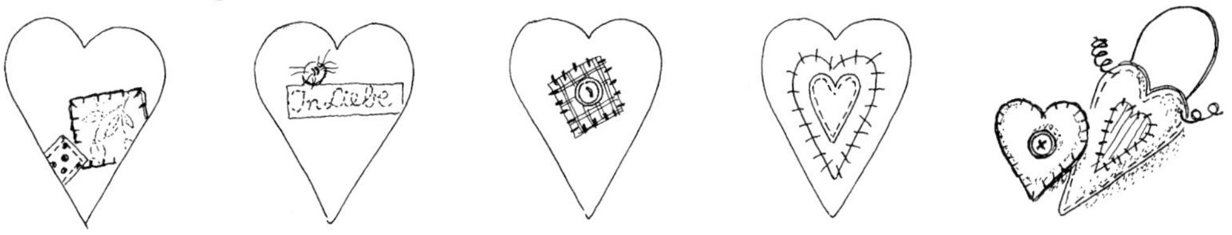

Tipp

- Ob gefüllt mit Potpourri oder nur mit Wolle - das Herz ist ein passendes Muttertagsgeschenk!
- Diese Herzen im Landhausstil wirken immer gut als kleine Kollektion bestehend aus drei bis vier leicht abgewandelten Modellen.

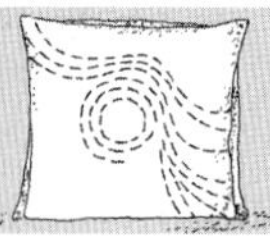

5.5 Stickkissen

Kompetenzen

- lineare Spuren in Vorstichen nachsticken
- Nähen einer Kissenhülle mit Hotelverschluss

Material und Vorbereitungstipps

- dünner Karton → alte Mappendeckel, Pizzakartons, Bettwäsche-Einlegepappen
- Bastelfilz als Rollenware → Zuschnitte pro Schüler: 36 cm x 36 cm
- Aqua-Trickmarker → für dunkle Stoffe Kreiderädchen anbieten
- Strickgarne aus Wolle → Effektgarne sind ungeeignet
- Stopfnadel
- evtl. aus dem Vorgängerband Stationskarte Vorstich mit Vernähen S. 38

Methodisch-didaktischer Kommentar

- Zur Motivfindung können verschiedene Karton-Schablonen vorbereitet sein: Kreise in unterschiedlichen Durchmessern, Konturen mit unterschiedlichem Schwung, unterschiedlich breite Streifen.
- Auf der linken Kissenseite können die Stickfäden, solange sie nicht zu lange Distanzen überwinden müssen, zur nächsten Sticklinie gespannt werden.
- Der Stich darf nicht zu stark angezogen sein, damit sich kleine Kräuselfalten bilden.
- Haltbarer ist die Naht, wenn die Nähmaschine zum Einsatz kommt. Der lästige Oberfadenwechsel für unterschiedliche Kissenfarben kann mit dem Einsatz von Multicolor-Maschinenstickgarnen geschickt umgangen werden.

Arbeitsablauf

- Ein Muster aus parallelen Linien in Kissenplattengröße entwerfen.
- Daraus Markierungsschablonen entwickeln.
- Die erste Linie mithilfe der Schablone auf der Kissenplatte anzeichnen.
- Strickgarn einfädeln, das Fadenende verknoten.
- Die Linie mit möglichst gleichmäßigen Stichen nachnähen.
- Nach Belieben Parallellinien mithilfe von Schablonen oder nach Augenmaß sticken.

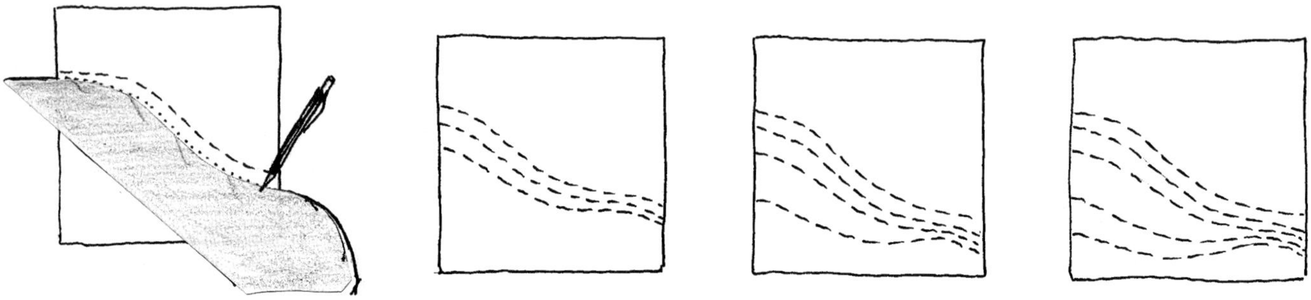

Arbeitsablauf (Fortsetzung)

- Die Fadenenden auf der Unterseite in der Sticklinie vernähen.
- Nach Fertigstellung des Stickmusters die Kissenplatte mit einem feuchten Tuch dämpfen.
- Teile wie folgt falten, bügeln und zusammenstecken.

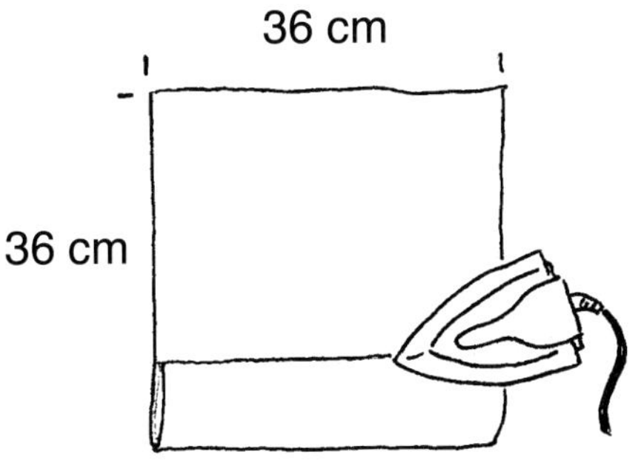

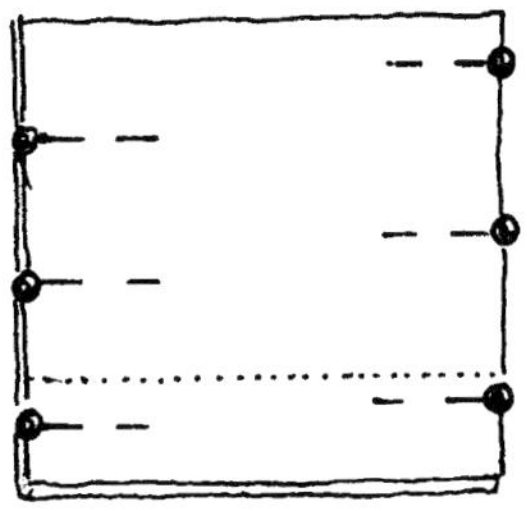

- Die drei Kissenseiten mit kleinen, festen Vorstichen zunähen. Dabei an den Stellen, die wegen des Kisseneinschubs besonders stark belastet sind, Doppelstiche nähen.
- Das Fadenende gut vernähen.
- In die vierte, offene Seite zwischen den Umschlägen ein passendes Kissen einschieben.

Tipp

- Die Kissenhülle passt für die 35 cm x 35 cm Inletts, die bei Möbeldiscountern sehr preiswert angeboten werden.
- Wenn die Geduld nicht reicht, werden kleine Nadelkissen gestickt und genäht.

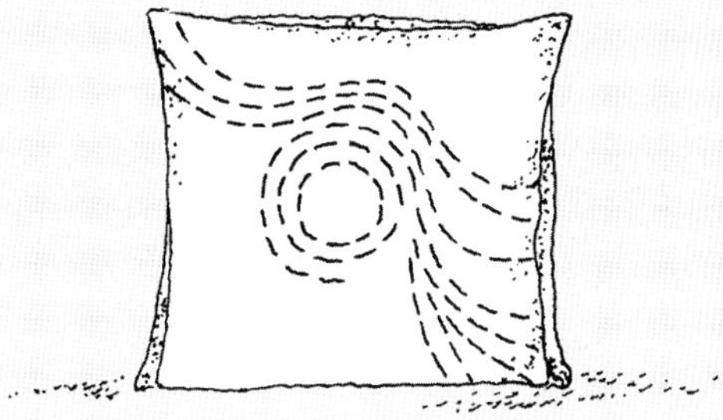

5.6 Besticktes Nadelbuch

Kompetenzen

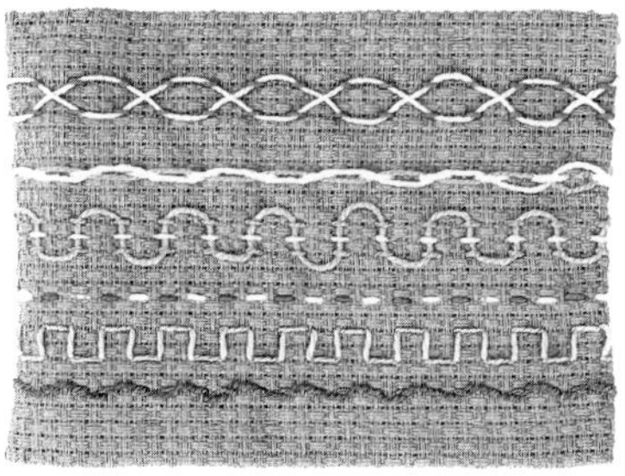

- Vorstichvariationen erfinden und damit spielen
- Gestaltung einer Fläche durch farbig gestickte Linienmuster
- Verarbeitung des gemusterten Stoffs zu einem Nadelbuch

Material und Vorbereitungstipps

- Demopappe → Lochschablonenvorlage kopieren, in 125-mic.-Folie laminieren, in Streifen zerschneiden
- Lochzange mit 6-mm-Stanzung
- Hutgummi, Bändchengarn, Holzperlen, Smyrnanadel → als überdimensionierte Nähutensilien
- Aida-Stickband, 10 cm breit → auf 24 cm Länge zuschneiden; alternativ grobes Aida-Tuch zuschneiden, die Schnittkanten mit einer Zickzack-/Overlocknaht sichern
- Perlgarn
- stumpfe Sticknadeln
- Nähnadel
- Nähgarn → in der Farbe des Aida-Stoffes
- Bastelfilz → Zuschnitte
- Stationskarte Vorstichvariationen S. 32
- Kopiervorlagen Lochschablonen S. 109, Anleitung Gruppenarbeit S. 110, Anleitung Einzelarbeit S. 111

Methodisch-didaktischer Kommentar

- Ein Mustertuch mit fertigen Stichfolgen oder die Stationskarte „Vorstichvariationen“ stimmt die Schüler auf die Gruppenarbeit ein.
- Im Umgang mit dem Aida-Gewebe müssen sich die Stickanfänger später auf das Zählen von Fäden und Zwischenräumen konzentrieren. Durch die Perforierungen in der Demopappe entfällt dieses Problem, dafür wird hier der Blick bewusst auf die Mustermöglichkeiten gerichtet, die sich beim lockeren Durchziehen eines kontrastfarbenen Fadens durch die Vorstichreihen ergeben.
- Schnelle Schüler könnten weitere Pappen mit wechselnden Lochabständen stanzen, sodass die Längen von Ober- und Unterstichen bzw. der einzelnen Vorstiche variieren.
- Trotz des Aufwands ist die Arbeit an den mit Gummifäden bespannten Demopappen sehr effektiv: Dabei erfahren die Schüler die Schwierigkeitsstufen unterschiedlicher Muster. Diese können in der Fläche angeordnet werden, Entscheidungen für Musterspiegelungen und -reihungen werden erleichtert. Die Muster erhalten Nummern.
- Um unnützen Garnverbrauch und aufwändiges Ansetzen zu vermeiden, wird mit den Schülern die ungefähr zu verbrauchende Fadenlänge besprochen.
- Falls die linke Stoffseite stört, können zum Hinterbügeln passende Schnittteile von Vlieseline H 250 vorbereitet werden.

Arbeitsablauf

- Die Schüler arbeiten zuerst in Gruppen, anschließend einzeln; siehe Kopiervorlagen „Anleitung Gruppenarbeit“ und „Anleitung Einzelarbeit“ (Seiten 110 und 111).

Tipp

- Die methodisch-didaktische Herangehensweise und der Gebrauchsgegenstand sind auch für die Vermittlung anderer Stickstiche auf zählbaren Stoffen geeignet.
- Wer mag, bringt einen Verschluss an: Druckknöpfe, Flechtbänder, Knopf und Schlinge.

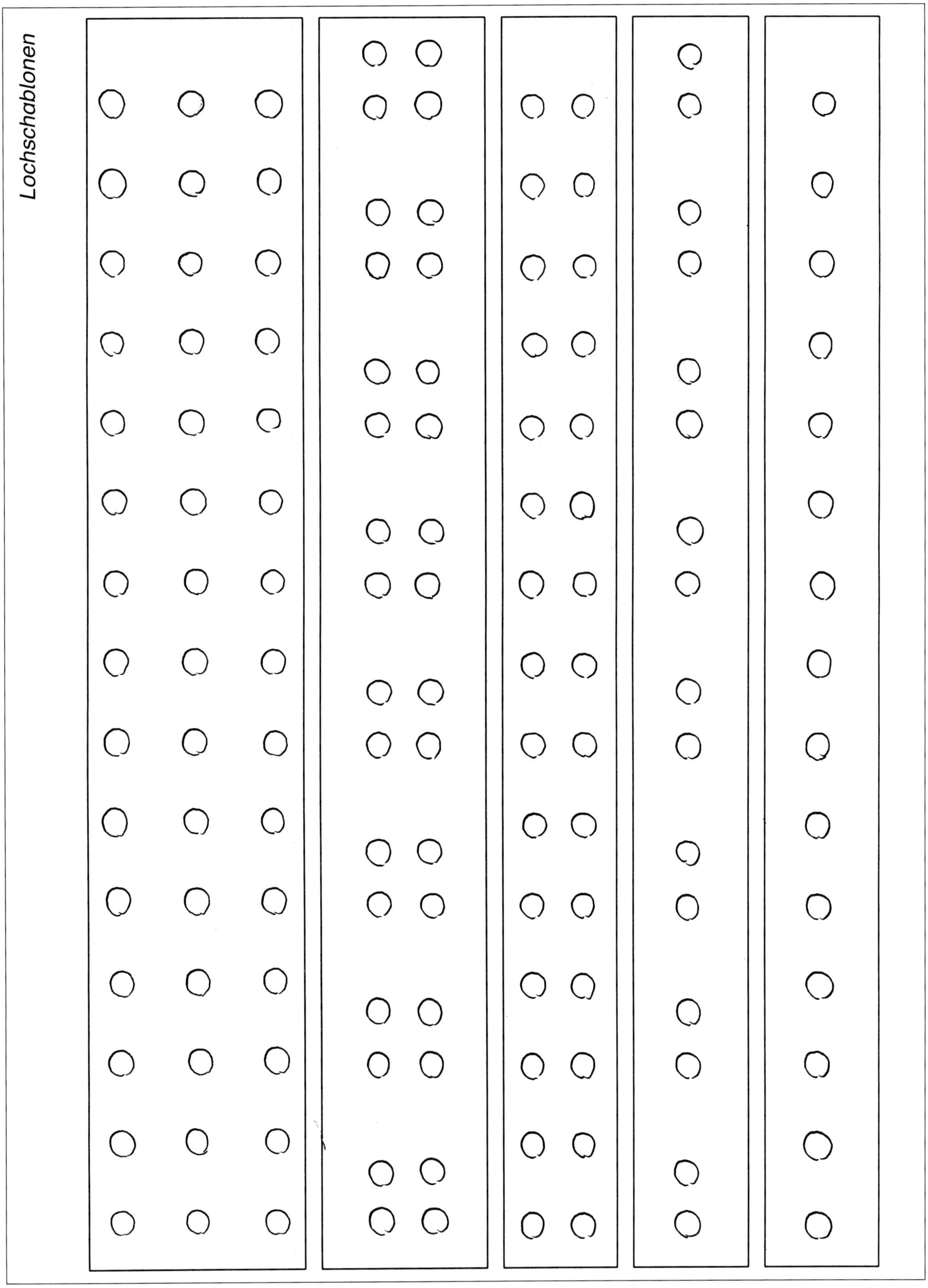
Lochschablonen

5.6 Besticktes Nadelbuch

Anleitung Gruppenarbeit

Erfinde neue Stickstiche!

1. Loche die Punktreihen der laminierten Kartonstreifen.

2. Schneide pro Kartonstreifen 35 cm Hutgummi ab.
3. Knote eine Perle an das Ende des Hutgummis.

4. Nähe einfache Vorstiche. Dehne dabei das Hutgummi nicht!
5. Knote an das Ende wieder eine Perle ein.

6. Schneide 50 cm Bändchengarn ab und fädele es in eine grobe Nadel.
7. Probiere verschiedene Durchzugsmuster aus, indem du das bunte Garn in regelmäßigen Spuren durch das Hutgummi führst.

8. Zeichne hier deinen Stickstich ein: den Vorstich schwarz und den Durchzugsfaden bunt.

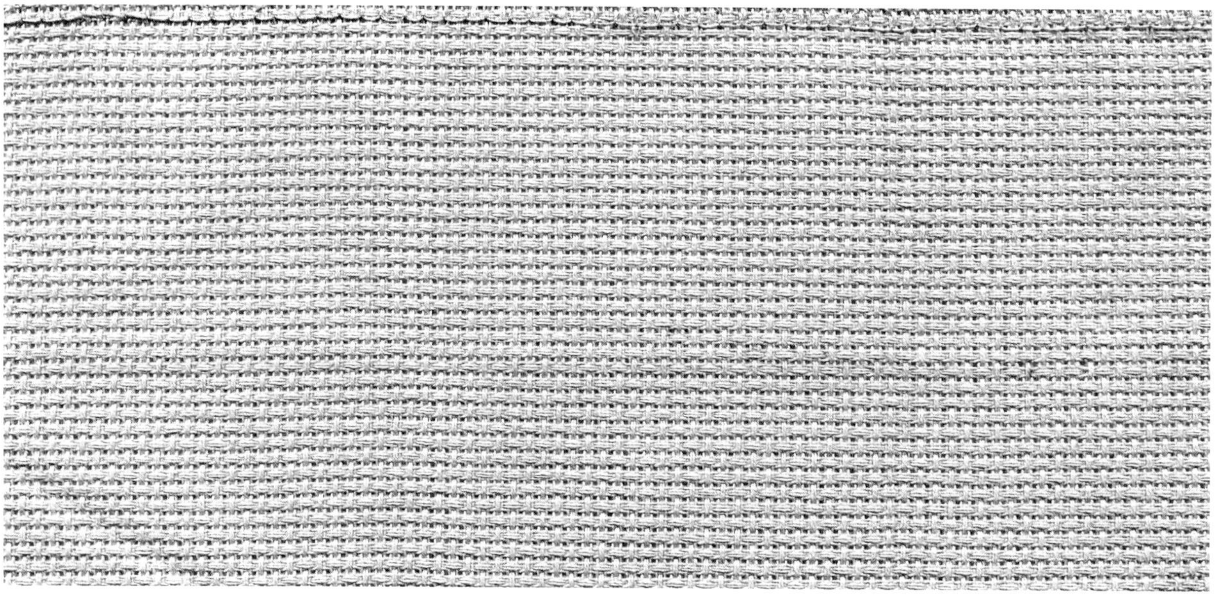

9. Schau nun die Stickstiche des Mustertuchs an!
   Kannst du deinen Stich entdecken?

   Welche Nummer hat er?

5.6 Besticktes Nadelbuch

Kopiervorlage

Anleitung Einzelarbeit

Erprobe dein Stick-Design!

1. Entscheide dich für Musterfolgen und Garnfarbe!
2. Zeichne die Muster in der gewünschten Reihenfolge und Farbe.
3. Notiere dazu die entsprechende Nummer des Demonstrationsstreifens.

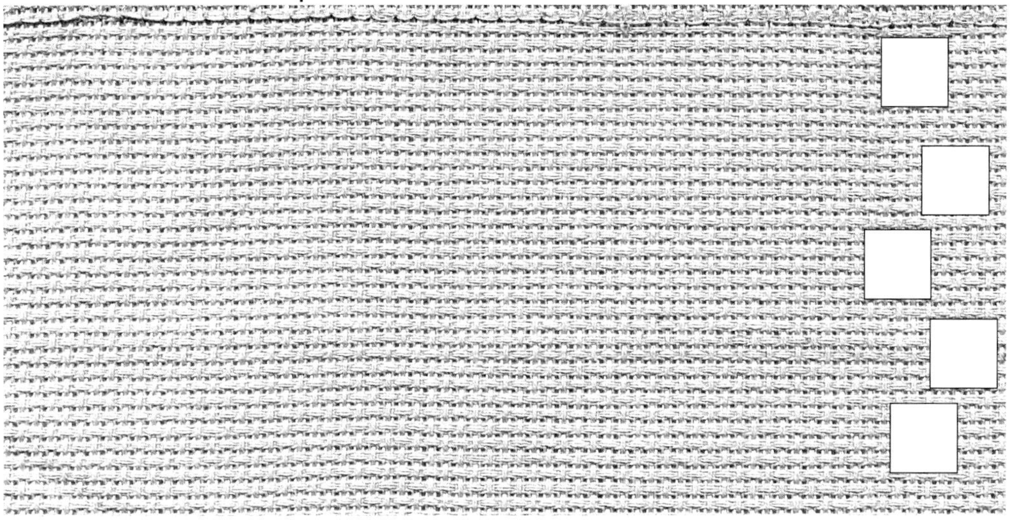

4. Schneide dir das passende Perlgarn ab.
5. Fädele den Faden ein. Denke daran, dass die Fadenenden etwa 5 cm aus dem Stoff ragen müssen!
6. Sticke erst alle Vorstichreihen. Achte dabei auf den richtigen Abstand.
7. Ziehe nun die Durchzugsfäden durch – nicht zu locker, nicht zu stramm –, sodass ein gleichmäßiges Bild entsteht.

So wird ein Nadelbuch daraus!

8. Vernähe alle herausragenden Fadenenden auf der Rückseite.

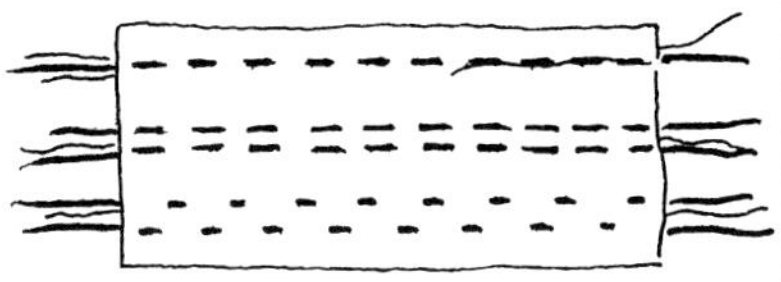

9. Lege die unschönen Kanten um und bügele sie.
10. Nähe sie mit Nähgarn unsichtbar fest.

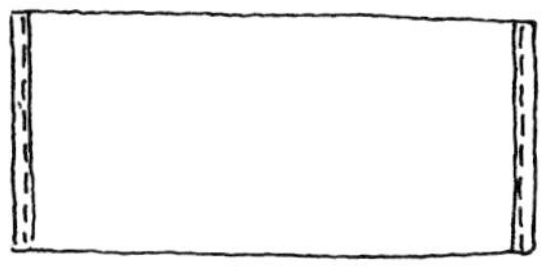

11. Schneide dir Einlegefilze zu.
12. Bügele die Stickfläche und die Filze zur Hälfte.
13. Lege alles zu einem Buch zusammen.

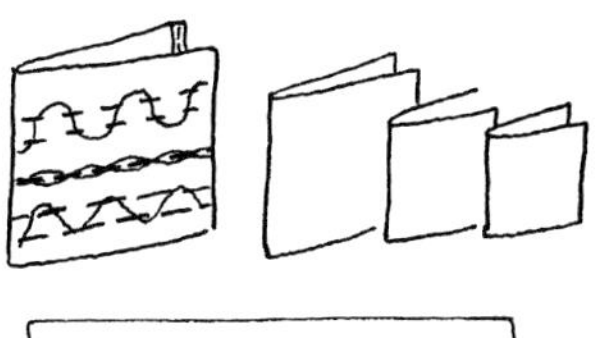

14. Nähe die Seiten zusammen.
15. Sortiere deine Nadeln ein!

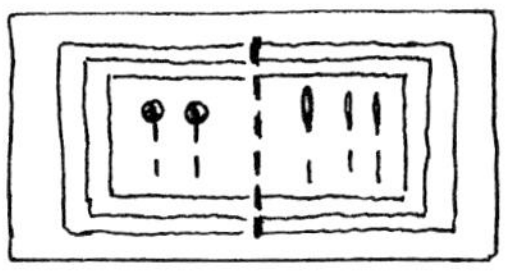

5.7 Bedruckter Beutel

Kompetenzen

- Stanzen von Stempelgummis mithilfe des Locheisens
- Herstellung von „Bausatz-Stempeln“ zum Abdruck eines Tiermotivs
- Gestaltung einer gestempelten Tierszene auf Stoff
- Nähen eines Binde-Band-Beutels

Material und Vorbereitungstipps

- beidseitiges Klebeband, Moosgummistreifen in gleicher Breite → 15 cm lange Moosgummistücke mit beidseitigem Klebeband hinterkleben
- Locheisen in verschiedenen Größen bis Ø 20 mm
- Reste von Plattenzuschnitten (Spanplatte, Tischlerplatte) → in Abstimmung zur Locheisengröße und der Verpackung quadratische und längliche Klötze als Stempelträger zusägen
- Bürostempelkissen → zum Überprüfen der Passgenauigkeit der „Bausatz-Stempel“
- alte Zeitungen
- Kreppklebeband
- unifarbene Baumwollstoffe in hellen Farben → waschen, bügeln und auf gewünschtes Format zuschneiden, z. B. 36 cm x 12 cm
- Frischkäseverpackungen mit Deckel → auswaschen; fungieren als verschließbare Stempelkissen, halten die Stoffdruckfarbe für ein paar Wochen gebrauchsfähig
- Filzreste → etwas kleiner als den Boden der Verpackung zuschneiden
- Stoffdruckfarbe → mit dem Holzspatel die gewünschte Farbe in die Frischkäseverpackung geben, mit Filz bedecken, mit dem Deckel verschließen
- schwarzer Stoffmalstift/Fineliner (permanent) → zum Hinzufügen von Details
- Satinband, 25 cm lang → zum Zubinden des Beutels
- Nähgarn und Nähnadel
- Zackenschere
- evtl. aus dem Vorgängerband Stationskarten Locheisen S. 43, Bügeln S. 46, Vorstich mit Vernähen S. 38
- Kopiervorlage Anleitung S. 114

Methodisch-didaktischer Kommentar

- Das Stempelthema bietet sich auch schon für Eingangsklassen an. Da sich das Drucken über einige Tage hinziehen darf, sind die Stempelkisten in der Frischkäseverpackung praktisch.
- Zwischendurch trockenföhnen, um bei zu feuchten Abdrucken Verwischungen vorzubeugen.
- Da der Stempelabdruck gefälliger wird, wenn der Stoff auf einer weichen Unterlage liegt, wird als gepolsterte Druckunterlage eine Zeitung auf die Tischabdeckung geklebt.
- Marienkäferpunkte müssen exakt platziert sein. Deshalb sollten Mini-Stanzlinge auf durchsichtige Kunststoffdeckel geklebt werden, sodass der Punkt gezielt gesetzt werden kann. Blütenstände bei Grashalmen können durch Abdrucken von Kugelschreiberminen und -hülsen nachgeahmt werden.
- Die Seiten des Beutels sollten mit einer haltbaren Naht verbunden werden, entweder mit dem Steppstich oder mit einem doppelten Vorstich, der in der Rückrunde in die Lücken sticht. Dabei ist zu bedenken, dass der obere Beuteleingriff sowie der Bandaustritt im späteren Gebrauch einer besonderen Belastung ausgesetzt sind.

5.7 Bedruckter Beutel

Arbeitsablauf

- Mit dem Locheisen, Hammer und Hirnholzklotz Kreise in verschiedenen Größen aus dem hinterklebten Moosgummi ausstanzen.
- Die Stanzlinge mithilfe einer Nadel aus dem Locheisenkanal holen.
- Die Stanzlinge in die gewünschte Form bringen: mit dem Locheisen Kreisanschnitte herstellen, mit der Schere einige Stanzlinge halbieren oder vierteln.

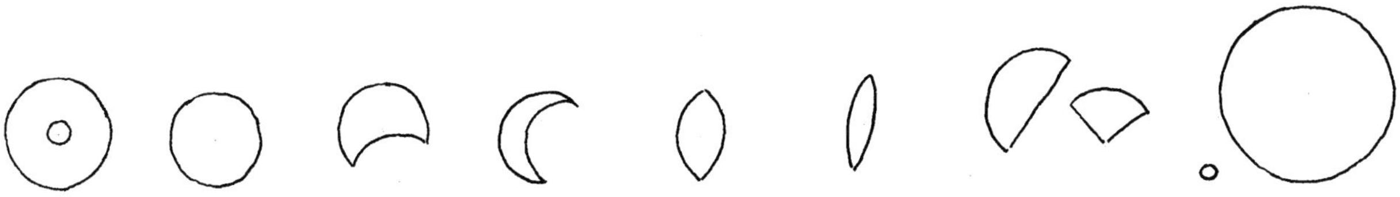

- Das Schutzpapier abziehen und das Stempelgummi auf einen passenden Klotz kleben.
- Gerade oder geknickte Grashalme aus Moosgummi ausschneiden, einzeln oder in Gruppen auf einen länglichen Klotz kleben.

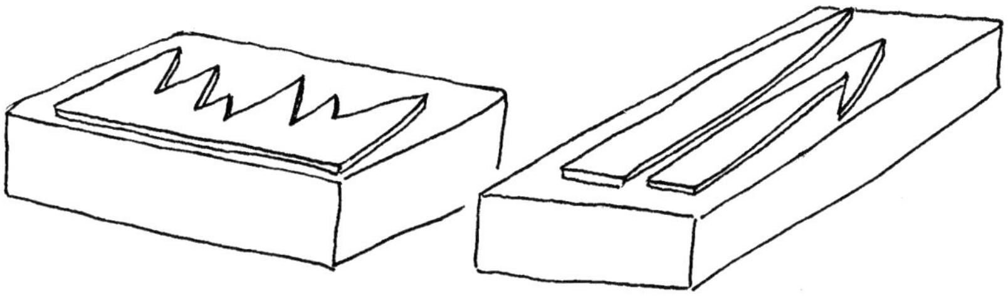

- Zur Probe die Einzelstempel mit Bürostempelkissen auf Schmierpapier abdrucken und zu einer Tiergestalt kombinieren.

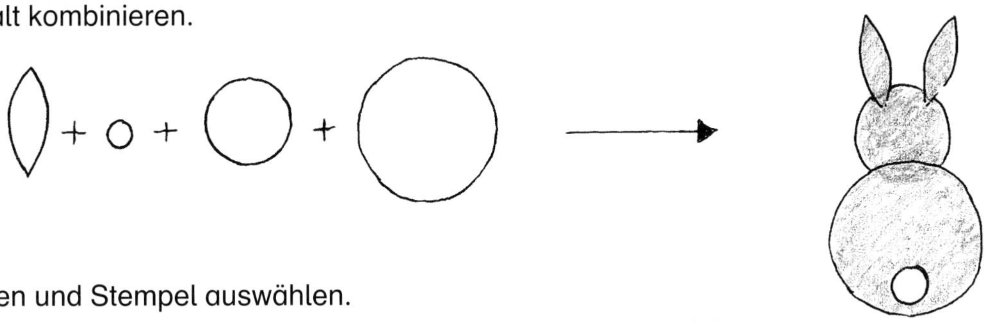

- Die Farben und Stempel auswählen.
- Den Arbeitsplatz mit Folie abdecken und mit Arbeitsmitteln einrichten.
- Durch Falten des Stoffstreifens zu einer Beutelform die Druckfläche und den Motivverlauf festlegen.
- Den gebügelten Stoff mit Kreppklebeband an dem Zeitungspolster fixieren und mit dem Bestempeln des Stoffs beginnen.
- Nach Belieben Details mit einem Stoffmalstift ergänzen.
- Einen Tag trocknen lassen und nach Angaben des Farbherstellers durch Bügeln fixieren.
- Nähen des Binde-Band-Beutels siehe „Bildkarten" Seite 114.

Tipp

- An diesem Thema finden die Lerneinheiten des Faches Mathematik „Muster durch Flächen legen" und „Punktsymmetrien" eine praktische Ergänzung.
- Der Stempeldruck ist ein schnelles Verfahren, um die „Glasbanderole" (siehe Seite 104) zu schmücken.

5.7 Bedruckter Beutel

Kopiervorlage

Anleitung: Binde-Band-Beutel (evtl. zerschneiden, vergrößern und laminieren)

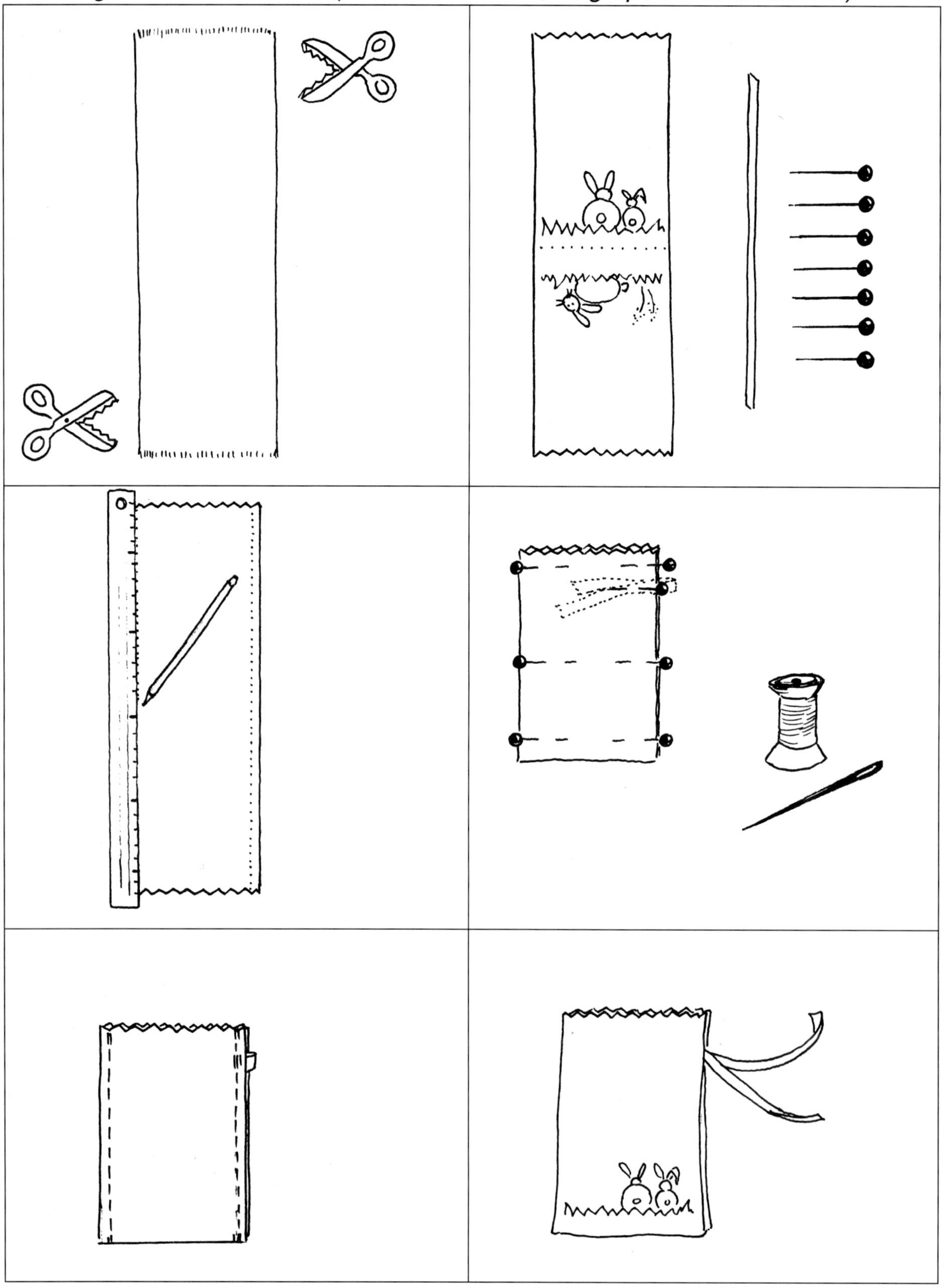

5.8 Seidenbild

Kompetenzen

- Wissenswertes über die Seidengewinnung früher und heute erfahren
- Entwerfen eines individuellen Motivs in Konturentechnik
- Arbeitsmittel der Seidenmalerei kennenlernen und sachgerecht anwenden

Material und Vorbereitungstipps

- Acrylglasplatten, z. B. DIN-A3-Format → als Zuschnitte in Werkkatalogen angeboten
- Pongé-Seide 05 → Seidenstücke rundherum 3 cm kleiner reißen als die Acrylplattenfläche
- Kreppklebeband → bei Anfangsklassen müssen Erwachsenenhände das faltenlose Bespannen übernehmen
- Konturmittel in der Tube → reicht für ca. 6 Motive
- Baumwolllappen und Wattestäbchen → zum Entfernen von Spritzern und zum Stoppen von ungewollten Farbverläufen
- evtl. Vlieseline H 200
- Kopiervorlagen Informationstext S. 117, Schautafel S. 118, Streifendomino S. 119
- bügelfixierbare Seidenmalfarbe → bei der Verwendung von Seidenmalstiften entfällt das weiter aufgeführte Material
- Mini-Becher mit Deckeln → zum Aufbewahren abgefüllter, gemischter Farben
- Napfpalette → nimmt Becherchen kippsicher auf
- Haarpinsel
- Wasserglas → zum Ausspülen der Pinsel beim Farbwechsel/zum Anfeuchten großer Farbflächen, um dadurch unschöne Trockenränder zu vermeiden
- evtl. aus dem Vorgängerband Stationskarte Bügeln S. 46

Methodisch-didaktischer Kommentar

- Zur Einstimmung auf die Motivsuche und auf die zauberhafte Welt der Seidenstraßen wird den Schülern eine Fantasiegeschichte vorgelesen. In entspannter Atmosphäre und mit geschlossenen Augen begeben sich die Kinder wie beim autogenen Training auf eine Fantasiereise. Unmittelbar an das Vorlesen schließt sich die Entwurfsphase an.
- Als Unterrichtsbeginn in der Folgestunde bietet sich ein Exkurs in die Materialkunde an. Die Sachinformationen sollten durch das Betrachten von Bildkarten über den Zyklus des Maulbeerspinners und die Phasen der Fadengewinnung unterstützt werden. Gebannt werden die Schüler den Sagen lauschen, die sich um die Entdeckung der seidenen Fasern, die Wahrung des Geheimnisses darum und den Transport der edlen Stoffe in alten Zeiten ranken.
- Das Seidenmalen in einem Rahmen, wo die Seide trotz Spannung noch ein wenig elastisch ist, fällt Grundschulkindern schwer; die mit Kreppklebeband auf einer transparenten Fläche fixierte Seide dagegen verhält sich eher wie ein Zeichenblockpapier.
- Wem die Malfläche zu groß und zu kostspielig ist, trennt die Fläche mit farblosem Konturenmittel, sodass zwei Schüler an einer Platte arbeiten.

5.8 Seidenbild

Methodisch-didaktischer Kommentar (Fortsetzung)

- Besonders effektvoll in ihrer Farbwirkung und vielleicht thematisch passend sind Metallic-Konturfarben. Nachfüllfarben in Kunststoffflaschen sind preiswerter als Tubenfarben. Tubenfarben erfordern allerdings weniger Kraftaufwand beim Zeichnen und keine reinigungsintensiven Fineliner-Düsen.
- Sobald die aufgebrachte Kontur Lücken aufweist, sucht sich die flüssige Farbe ihren Weg in das umgebende Farbfeld, was die jungen Künstler dann sehr frustriert. Gemeinsam werden Reparaturmöglichkeiten und die geschickte Nutzung einer solchen Panne überlegt.
- Damit die Schüler die Farbwirkung erfahren und das Verhalten der schnell fließenden Farbe auf der Seide einzuschätzen lernen, sollte der Lehrer den behutsamen Farbauftrag an einem Beispiel demonstrieren: Mit einem Zentimeter Abstand zur Kontur die Farbe vorsichtig auf die Fläche malen, den Farbfluss beobachten, eventuell zusätzliche Farbe nachgeben.
- Exakte Schnittkanten für das fertige Bild erzielt der Lehrer mit dem Zuschnitt per Rollmesser.

Arbeitsablauf

- Zu zweit die Seide auf die Acrylplatte spannen. Den Kreppklebestreifen an die Schnittkante der Seide kleben, mit Spannung und faltenlos auf der Acrylglasscheibe befestigen. Dabei zunächst immer die gegenüberliegenden Seiten bearbeiten.
- Entwerfen einer Zeichnung mit durchgehenden Bleistiftlinien in der Größe der Seide.
- Den Entwurf unter die Scheibe legen und die Linien mit einem Konturmittel abpausen.
- Kontrollieren, ob alle Linien lückenlos und die Flächen geschlossen sind; evtl. nacharbeiten.
- Einen Tag trocknen lassen.

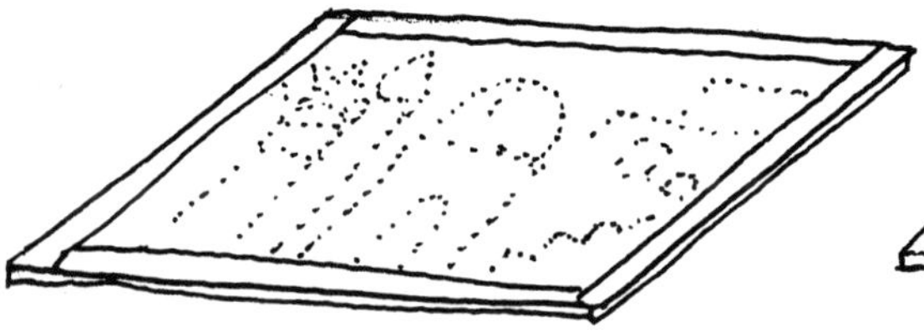

- Den Tisch mit Folie abdecken und den Arbeitsplatz mit der bespannten Platte, den Farben und Arbeitsgeräten einrichten.
- Die Farbfelder und den Hintergrund ausmalen.
- Liegend trocknen lassen.
- Entsprechend den Angaben des Farbherstellers mit dem Bügeleisen in einem alten Baumwolltuch fixieren. Farbloses Konturenmittel in lauwarmem Wasser entfernen.
- Zur Versteifung und eventuellen Weiterverarbeitung mit Vlieseline H 200 hinterbügeln.
- Auf das passende Maß zuschneiden.

Tipp

- Wenn das Bild nicht als Applikation einen Gebrauchsgegenstand zieren soll, lässt es sich sehr wirkungsvoll in einen Bilderrahmen bringen.
- Auf einem Untergrundsstoff geschickt arrangiert, mit der Nähmaschine fixiert, auf einen Holzrahmen gespannt und festgetackert, ergibt die Gesamtschau der Schülerarbeiten zu einem Thema ein farbenprächtiges Gemeinschaftsbild für den Schulflur.
- Thematische Inspirationen liefert das Buch „Lippels Traum" von Paul Maar.

Informationsblatt

Woher kommt die Seide?

Das Weibchen des Maulbeerspinners legt ungefähr 500 stecknadelkopfgroße Eier. Nach etwa 10 Tagen schlüpfen schwarze Raupen. Sie sind nur 3 mm lang.
Eine Raupe des Maulbeerspinners ernährt sich nur von den Blättern des Maulbeerbaums, der in Asien beheimatet ist. 4 Wochen lang frisst sie und frisst sie. Am Ende ist sie ungefähr 8 cm lang.

Dann hört sie mit dem Fressen auf und spinnt sich innerhalb von 3 Tagen in eine taubeneigroße Hülle ein, den Kokon. Der Kokon wird aus einem feinen Seidenfaden gewickelt, den die Raupe aus ihren Spinndrüsen presst. Der Faden kann mehrere Kilometer lang sein! Dann schläft die Raupe in ihrem Kokon ein und wird zur unbeweglichen Puppe.

Nach 2 Wochen verwandelt sich die Puppe in einen Falter und verlässt den Kokon. Dabei zerstört der Falter das Seidengespinst. Deshalb lässt der Seidenzüchter für die Fortpflanzung nur wenige Falter schlüpfen.

Der Seidenzüchter tötet die Puppen über heißem Wasserdampf ab. Danach taucht er die Kokons in heißes Wasser, damit sie weich werden. Wenn durch Bürsten die Fadenanfänge gefunden sind, werden die Fäden von 5–7 Kokons auf eine Haspel gewickelt. Damit der Rohseidefaden weich und glänzend wird, kocht der Seidenzüchter ihn in Seifenlauge. Jetzt kann das Weben und Färben beginnen.

Wie kam die Seide nach Europa?

Einer Sage nach soll die chinesische Kaiserin Hsi-Ling-Shi vor 5000 Jahren im Schatten eines Maulbeerbaums Tee getrunken haben. Plötzlich plumpste etwas Eiförmiges in ihre Teeschale. Sie bekam den Fadenanfang eines Kokons zu fassen und wickelte den feinen Faden ab. Ihre Berater entdeckten, dass sich daraus edle Stoffe weben ließen.
Auf abenteuerlichen Wegen gelangte die Seide an Europas Königshäuser. Zu dieser Zeit war die Seide mehr wert als Gold! 3000 Jahre konnten die Chinesen das Geheimnis der Seidenherstellung unter Androhung der Todesstrafe geheim halten.
600 n. Chr. schafften es Mönche aus Byzanz, in ihren hohlen Wanderstäben Seidenraupeneier und Maulbeerbaumsamen nach Europa zu schmuggeln. Aber die Seidenzucht war in Europa nie so erfolgreich wie in Asien. Heute kommt die meiste Seide aus China, Indien und Japan.

Quellen: Hannelore Eberle u. a.: Fachwissen Bekleidung, Haan-Gruiten 1989
Katia Fortier/Joelle Boucher: Am seidenen Faden, Ravensburg 1990
Cheng Kexiong/Xü Bang: Schau mal Seide, Luzern 1991

Schautafel

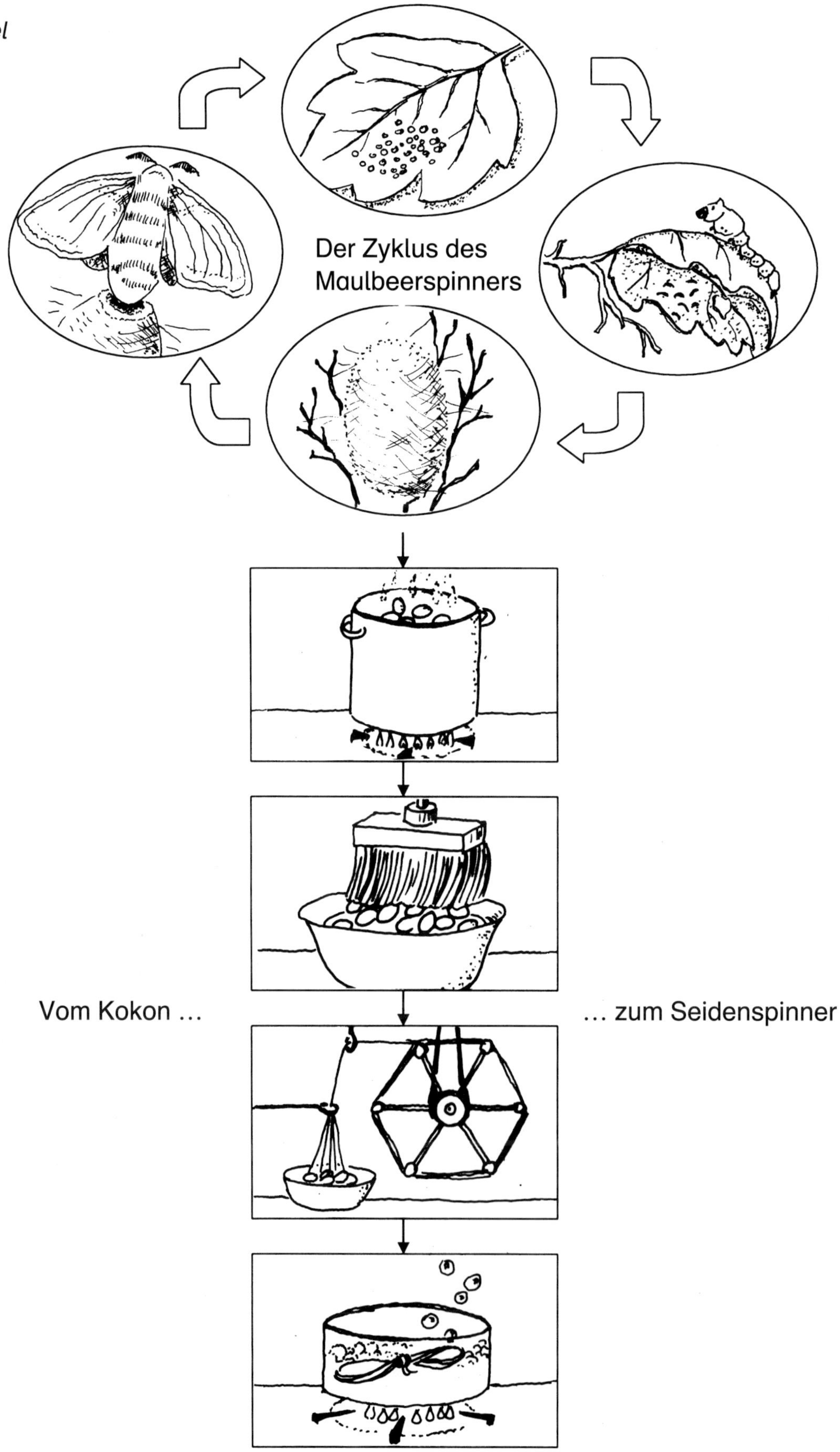
Der Zyklus des
Maulbeerspinners
Vom Kokon …
… zum Seidenspinner

Streifendomino

Schneide die Streifen mit Satzende, Satzanfang und Bild auseinander und klebe sie auf einem DIN-A3-Blatt in die richtige Reihenfolge!

... 3 mm große Raupen.	... damit sich der Leim auflöst.	Der Spinner legt ...	Das Wickelgerät heißt ...	Kaum zu glauben, dass alles ...	... Steck-nadelköpfe.	Nach einem Bad in heißer Seifenlauge ...	Aus einem Ko-kon, der zur Fortpflanzung bestimmt ist, ...

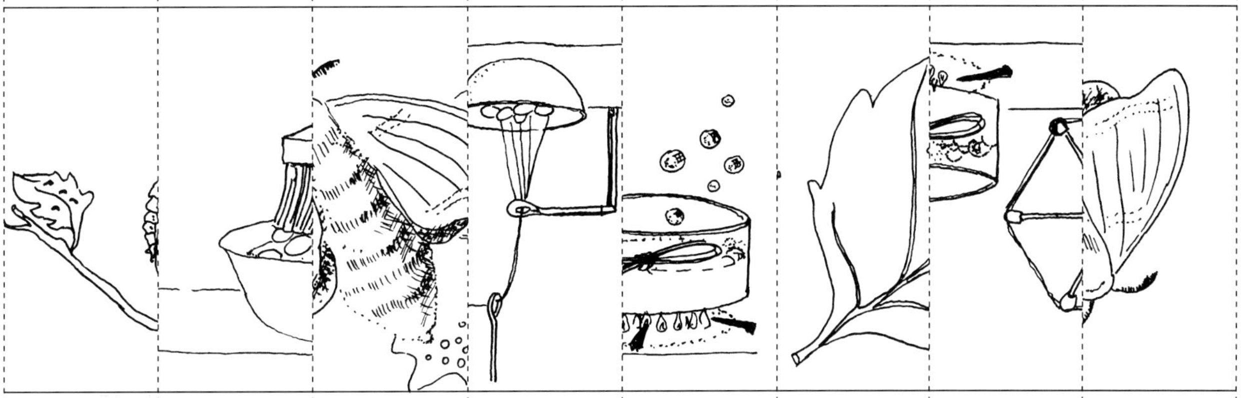

Die Raupen verschlingen Unmengen ...	Kreisende Bürsten ...	... schlüpft ein Schmetterling, der Maul-beerspinner.	... werden gleichzeitig aufgewickelt.	... wird er glänzend und weich.	Nach 10 Tagen schlüpfen ...	... rau, steif und gelblich.	... mit einem unscheinbaren Falter begann!
Noch ist der Rohseidefaden ...	... ungefähr 500 Eier ab.	... verwandelt sich in eine Puppe.	... ungefähr 8 cm groß.	... eine eiförmige Hülle, den Kokon, ein.	... wird die Puppe durch Wasserdampf abgetötet.	... von Maulbeer-baumblättern.	Die Fäden von 5 Kokons ...

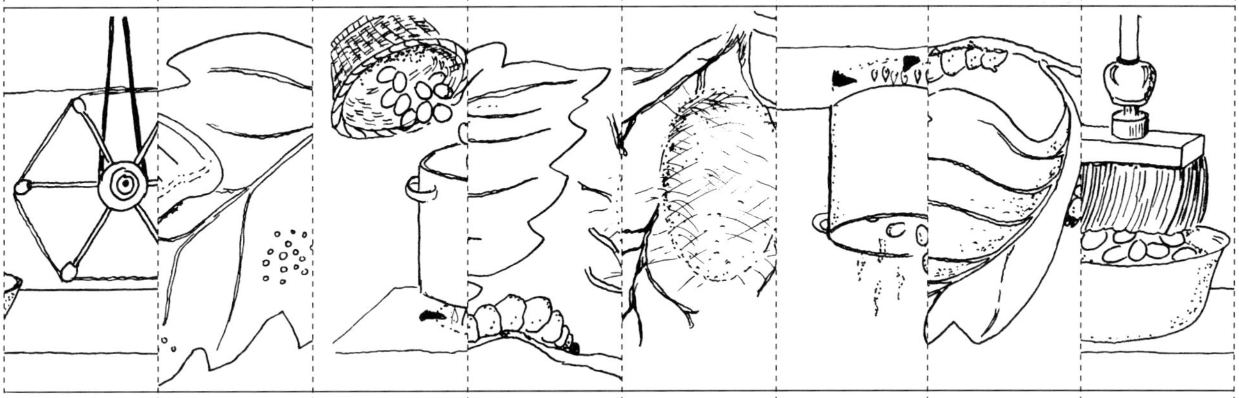

... Haspel.	Sie sind groß wie ...	Um ein Schlüpfen zu verhindern, ...	3 Tage spinnt sich die Raupe in ...	Sie schläft in dem Ko-kon und ...	Mehrere Kokons werden in Wasser getaucht, ...	Nach 4 Wochen ist die Raupe ...	... suchen die Faden-anfänge.

Bildkarten der Produkte bzw. Produktvarianten

1.1 Fenstergirlande

1.2 Grußkarte mit Perlenanhänger

1.3 Zuckermaus

1.4 Lumpenball

Bildkarten der Produkte bzw. Produktvarianten

1.5 Lesezeichen

1.6 Klappmaulpuppe

1.7 Engel und Bengel

1.8 Stoffbild im CD-Rahmen

Bildkarten der Produkte bzw. Produktvarianten

2.1 Zauberstein

2.2 Hasenfamilie

2.3 Schneemann

2.4 Schlüsselanhänger

2.5 Stecknadel-Kaktus

2.6 Schatzbeutel

2.7 Spitztüte

3.1 Faden-Mandala

Bildkarten der Produkte bzw. Produktvarianten

3.2 Paket-Postkarte

3.3 Kumihimo

3.4 Pomponmarionette

3.5 Fotobox

Bildkarten der Produkte bzw. Produktvarianten

3.6 Web-Näh-Etui

4.1 Schwammtier

4.2 Brieftasche

4.3 Baumschmuck

4.4 Magnet-Monster

4.5 Schnabeltier

4.6 Portemonnaie

4.7 Tassen-Pad

Bildkarten der Produkte bzw. Produktvarianten

5.1 Geschenkschachtel

5.2 Geschenk-Zündhölzer

5.3 Glasbanderole

5.4 Liebesherz

5.5 Stickkissen

5.6 Besticktes Nadelbuch

5.7 Bedruckter Beutel

5.8 Seidenbild